HERBERT GRUNDMANN

Geschichtsschreibung im Mittelalter

Gattungen – Epochen – Eigenart

3. Auflag

VANDENHOECK & RUPRECHT IN GÖTTINGEN

Herbert Grundmann

geb. 14.2.1902 in Meerane/Sachsen, aufgewachsen in Chemnitz, studierte 1921–1925 Geschichte, Germanistik, Volkswirtschaft und Philosophie in Heidelberg, München, Leipzig; hier Promotion mit „Studien über Joachim von Fiore" (1927, Neudruck 1966), Habilitation 1933 („Religiöse Bewegungen im Mittelalter" 1935, ergänzte 2. Auflage 1963). Professur für mittelalterliche Geschichte 1939 in Königsberg/Pr., 1944 in Münster/Westf. Seit 1959 Präsident der Monumenta Germaniae Historica und Honorarprofessor in München.

Herausgeber der Neubearbeitung (8. Auflage) von Gebhardts Handbuch der deutschen Geschichte (4 Bde. 1954–1960, 9. Auflage in Vorbereitung), des Archivs für Kulturgeschichte (seit 1950), des Deutschen Archivs für Erforschung des Mittelalters (mit F. Baethgen seit 1960), der Schriften des Alexander von Roes (mit H. Heimpel 1958), des Augsburger Reichstags-Protokolls 1530 von Val. v. Tetleben (1958). Mitarbeiter an der Neuen Propyläen-Weltgeschichte Bd. 2 (1940: „Das hohe Mittelalter – die deutsche Kaiserzeit") und am Schlußband „Summa historica" der neuesten Propyläen-Weltgeschichte (1965: „Über die Welt des Mittelalters"). Außerdem „Neue Forschungen über Joachim von Fiore" 1950; „Vom Ursprung der Universität im Mittelalter" 1957; „Der Cappenberger Barbarossakopf" 1959; „Naturwissenschaft und Medizin in mittelalterlichen Schulen und Universitäten" 1960; „Betrachtungen zur Kaiserkrönung Ottos I." (1962); „Ketzergeschichte des Mittelalters" 1963; „Bibliographie zur Ketzergeschichte des Mittelalters" 1967; Aufsätze über Orden und Sekten, Bildungs-, Denk- und Überlieferungsformen des Mittelalters.

Mitglied der Bayerischen Akademie der Wissenschaften, Korrespondierendes Mitglied der Sächsischen Akademie (Leipzig), der Göttinger Akademie, der Österreichischen Akademie (Wien), der Académie des Inscriptions et Belles-Lettres (Institut de France), der Accademia Nazionale dei Lincei (Rom) und der Société des Bollandistes (Brüssel).

CIP-Kurztitelaufnahme der Deutschen Bibliothek

Grundmann, Herbert
Geschichtsschreibung im Mittelalter : Gattungen, Epochen, Eigenart. – 3. Aufl. – Göttingen : Vandenhoeck & Ruprecht, 1978.
(Kleine Vandenhoeck-Reihe ; 1209)
ISBN 3-525-33224-6

3. Auflage 1978
Kleine Vandenhoeck-Reihe 1209

VORBEMERKUNG

Dieser Überblick erschien zuerst im dritten Band des Sammelwerkes „Deutsche Philologie im Aufriß“ (1957, 2. überarbeitete Auflage 1962, Nachdruck 1966). Seinem Herausgeber Wolfgang Stammler und dem Erich Schmidt Verlag (Berlin-Bielefeld-München) ist dafür zu danken, daß sie eine Sonderausgabe genehmigten, deren Text wenig verändert wurde. Nur die Hinweise auf Literatur zu jedem Kapitel wurden an den Schluß versetzt und ergänzt.

INHALT

EINLEITUNG

§ 1

Unter den Wissenschaften hat im Mittelalter die Geschichte keinen eigenen Platz. An Schulen und Universitäten wurde sie nicht gelehrt. Im System der „Sieben freien Künste" *(artes liberales)* kommt sie nicht vor, es sei denn als Teil der Rhetorik. Nur in der Bibelexegese gilt die *historia* als besondere Art des wörtlich-litteralen Schriftverständnisses, als Grundlage für die allegorische, moralische und anagogische, die „geistige" Schriftdeutung (Hieronymus Ep. 129: *historiae veritas ... fundamentum est intelligentiae spiritualis*). Und die Chronologie des Kirchenjahres und des Weltlaufs erforderte seit der frühen Patristik historische Bemühungen um die Zeitrechnung.
Die rhetorische Schultradition hat dem Mittelalter die römisch-antike Historiographie wenigstens zum Teil erhalten und zum Vorbild gemacht; die Bibelexegese in Kommentaren und Predigten interpretierte die alt- und neutestamentliche Geschichte als Verheißung und Erfüllung; die Chronologie ordnete sie ein in die Welt- und Heilsgeschichte.
Die Geschichtskenntnis des Mittelalters ist jedoch nicht allein aus diesen drei Wurzeln schriftlicher Überlieferung erwachsen, die fast nur den lateinkundigen Klerikern und Mönchen zugänglich war. Die Laien, die bis ins späte Mittelalter zumeist weder Latein verstanden noch überhaupt lesen und schreiben konnten, der politisch führende Adel ebenso wie das Bauernvolk, hatten ihre eigene, ungeschriebene Geschichtsüberlieferung in Sagen und Liedern, die bis auf einzelne frühere Spuren erst seit dem 12./13. Jahrhundert mit der Volkssprache ins Schrifttum eindrangen. Die lebendigen Impulse dieses eigenwüchsigen, immer neu keimenden Geschichtsinteresses wirkten jedoch auch auf die lateinische Historiographie, füllten ihre alten Gattungen mit neuem Gehalt und trieben neue Darstellungsformen hervor. Manche Chronisten berufen sich formelhaft auf *scripta* und *dicta*, auf „Bücher" und „Leute" als Quellen ihrer Geschichtskenntnis,

wenn auch die Schriftsteller den „Fabeln" der mündlichen Überlieferung zu mißtrauen pflegen.

Die Geistesgeschichte hat zu fragen, wie sich aus eigenen und fremden, mündlichen und schriftlichen Traditionen und aus den geschichtlichen Impulsen jeder Zeit die Geschichtsschreibung im Wandel des Mittelalters entfaltet hat als Darstellung, Ausdruck und Spiegel des Zeit- und Selbstbewußtseins.

Diese Aufgabe ist bisher nicht in einer Gesamtdarstellung gelöst; nur Ansätze dazu sind vielfach gemacht, vor allem in der historischen „Quellenkunde". Historiker pflegen den Wert mittelalterlicher Geschichtswerke danach zu bemessen, ob ihre Nachrichten reichhaltig und zuverlässig sind, selbständig oder aus anderen Quellen abgeleitet, unbefangen sachlich oder tendenziös parteiisch. Für ihre Brauchbarkeit als „Quelle" der Tatsachenkenntnis ist es meist gleichgültig, ob sie zu ihrer Zeit viel gelesen, verbreitet und nachgeahmt wurden, welcher literarischen Gattung sie angehören, in welchem Stil und Geist sie geschrieben sind. Dagegen soll hier versucht werden, ihre literarisch-geistige Bedeutung und Wirkung zu skizzieren, die nicht immer dem „Quellenwert" entspricht, aber das Geschichtsbild der eigenen Zeit und ihr Verhältnis zur Geschichte bezeugt und bestimmt. Nicht als Zeugnis für geschichtliche Ereignisse, sondern als Ausdrucks- und Gestaltungsform mittelalterlichen Geistes wie andere Literaturformen auch wird hier die Geschichtsschreibung des Mittelalters vornehmlich in Deutschland gesichtet. Dabei erscheint es zweckmäßig, ihre verschiedenen Gattungen — historische Dichtungen, Volksgeschichten, Chroniken, Annalen, Viten, Epen usw. — zunächst gesondert zu betrachten. Sie stehen zwar im Mittelalter nicht streng getrennt nebeneinander, sie verquicken sich vielfach; doch hat jede ihre eigenen Wurzeln und Traditionen, aus denen sich vieles erklärt, was bei einer nur chronologisch geordneten Übersicht unverständlich bliebe. Folgt man zunächst diesen Sonderwegen der historiographischen Gattungen, so wird sich dann das Gesamtbild der mittelalterlichen Geschichtsdarstellung in ihren Wandlungen durch die Epochen und das Gemeinsame ihrer Geisteshaltung um so deutlicher abzeichnen.

I. GATTUNGEN DER GESCHICHTSÜBERLIEFERUNG IM MITTELALTER

a) Volkssprachliche Geschichtsdichtung

§ 2

Geschichtsschreibung lernten die europäischen Völker nördlich der Alpen erst durch die Schriftkultur der antiken Mittelmeervölker kennen. Denn von Haus aus waren sie schriftlos. Trotzdem fehlte es ihnen nicht an eigener Geschichtsüberlieferung in anderen Formen. „Alte Lieder" sind bei den Germanen, wie sie Tacitus schildert, die einzige Art historischer Tradition — *carmina antiqua, quod unum apud illos memoriae et annalium genus est* (Germania c. 2). Tacitus bezeugt, daß die Herkunft der Ingväonen, Erminonen, Istväonen von Mannus, dem Sohn des erdgeborenen Tuisto, in solchen Liedern, offenbar stabreimend, besungen wurde, auch daß noch zu seiner Zeit (98 n. Chr.) Germaniens Befreier Arminius der Held solcher Lieder war (Annalen II, 88: *canitur adhuc barbaras apud gentes*). Nichts davon ist erhalten, da niemand es aufschrieb. Doch der Brauch solcher Preislieder und Geschichtsdichtung erhielt sich. Die Schicksale der Völkerwanderung gaben dafür neuen gewaltigen Stoff. Aus den *prisca carmina* der Goten erfuhr der Römer Cassiodor, Kanzler ihres großen Königs Theoderich, woher sie stammten und was sie erlebt hatten vor ihrem Einmarsch in Italien; mit seinen Kenntnissen antiker Geschichte verarbeitete er es zu einer Darstellung der Gotengeschichte (s. u. § 3). Gotische Lieder von Ermanarich, von Dietrich von Bern und der Rabenschlacht, von Hildebrands tragischer Begegnung mit seinem Sohn Hadubrand usw. blieben weit über den Untergang des Ostgotenreiches hinaus bei anderen germanischen Völkern bis nach Skandinavien hin lebendig, vielfach umgestaltet, bis sie erst spät im Schrifttum auftauchen. Die ersten Geschichtsschreiber der Franken, Angelsachsen, Langobarden, Sachsen, Dänen waren wie Cassiodor für die Kenntnis der Frühzeit dieser Völker auf solche Lied- und

Sagenüberlieferung angewiesen, die in ihren Werken oft durchschimmert. Es fehlt nicht an Zeugnissen und Spuren, daß auch weiterhin Geschichte nicht nur geschrieben wurde, auf Latein von und für lese- und schreibkundige *litterati*, sondern noch immer auch „gesungen und gesagt" für die Laien. Als Karl d. Gr. (nach Einhards Vita Karoli c. 29) die *barbara et antiquissima carmina quibus veterum regum actus et bella canebantur*, aufzeichnen ließ[1], schien dieser volkstümlich-volkssprachlichen Form der Geschichtsüberlieferung der Eingang ins Schrifttum geöffnet. Die Angelsachsen, die seit Bonifatius und durch Alcuin für die karolingische Bildungsreform vorbildlich wurden, waren vorangegangen mit der Aufzeichnung des Beowulf-Liedes. Im Brennpunkt der Angelsachsen-Mission, dem von Bonifaz 744 gegründeten Kloster Fulda, wo auch Einhard lernte, wurde um 800 von zwei Mönchen auf dem ersten und dem letzten Blatt einer sonst lateinisch-theologischen Handschrift das Hildebrand-Lied (unvollständig) eingetragen — wahrscheinlich eine Auswirkung von Karls Bemühungen. Sonst aber blieben sie fruchtlos. Ludwig der Fromme ließ sie verkümmern. Er „verabscheute die heidnischen Lieder, die er in seiner Jugend gelernt hatte, und wollte sie weder lesen noch vortragen hören" (Thegan, Vita Hludovici c. 19). Statt dessen förderte er, wie ihm (oder Ludwig dem Deutschen?) das lateinische Vorwort zum altsächsischen ‚Heliand' nachrühmt[2], die christliche Dichtung in der Volkssprache, die die heimische Geschichtsdichtung verdrängen und ersetzen, mit ihren Mitteln christliche Überlieferung ins Volk tragen soll. So begründet ausdrücklich der Mönch Otfried von Weißenburg, auch er Schüler von Fulda, seine fränkische Evangeliendichtung. Aus dem Schrifttum, wo sie noch kaum eingewurzelt waren, wurden in der Tat die „alten Lieder" wieder verdrängt, aus dem Gedächtnis und Gebrauch nicht. Der Reimser Chronist Flodoard kennt noch im 10. Jahrhundert den Gotenkönig Ermanarich *ex libris Teutonicis* (Hist. IV, 5). Doch nur vereinzelt wurde noch am Ende des 9. Jahrhunderts eine neue Geschichtsdichtung wie das fromme Ludwigslied von 881/2, das auf rheinfränkisch den Sieg des westfränkischen Königs Ludwig III. über die Normannen bei Saucourt besingt, zusammen mit der altfranzösisch gedichteten Eulalia-Legende in eine sonst lateinische Handschrift des nordfranzösischen Klosters St. Amand eingetragen. Vereinzelt blieb anderseits auch die Übertragung germanischer Heldendichtung in lateinische Hexameter im ‚Waltharius' (ob im 9. oder 10. Jahrhundert ist strittig geworden; Ekkehart von St. Gallen kann wohl nicht mehr als Verfasser gelten) [3]. Von einer lateinischen Nibelungias, die ein Meister Konrad für Bischof Pilgrim von Passau (971/91) gedichtet haben soll, ist außer dieser Angabe in der Nibelungen-Klage (v. 2145 ff.) keine Spur vorhanden. Öfters erwähnen Chronisten die *vulgaria carmina* oder *cantilenae vulgares* über Gestalten und Ereignisse der Vergangenheit und Gegenwart, die auf Straßen und Höfen gesungen wurden. Aber selten wird davon so viel in lateinische Geschichtswerke übernommen wie etwa in Widukinds Sachsengeschichte oder in die *Casus S. Galli* Ekkeharts IV. Zumeist wird vom schreibenden Klerus nur gegen die „schändlichen Gesänge und Fabeln" dieser volkstümlichen Geschichtsüberlieferung polemisiert.

Noch als in Frankreich schon das Rolandslied gedichtet war, in dem sich volkstümliche Erinnerung an die Karolingerzeit mit Kreuzzugsbegeisterung und erwachendem Nationalstolz vereint, fand der deutsche Dichter des Annoliedes, ein Mönch im Kloster Siegburg, es sei an der Zeit, von etwas anderem zu singen als von „alten Dingen" wie Heldenkampf und Königsschicksalen. Doch macht er selbst den Erzbischof Anno von Köln (1056/75) zum Helden, der im Dienst Gottes gegen Sünde und Welt kämpft, und verherrlicht ihn, seine Stadt Köln und die „trojanischen" Franken im Rahmen einer Weltgeschichte, die allerhand Kenntnisse und Vorstellungen gelehrter Chronisten in den Erzählerton volkssprachlicher Geschichtsdichtung kleidet. Das war der Weg, um das historische Wissen der Kleriker, um auch Heils- und Heiligengeschichte unter das Laienvolk zu bringen und gegen die Heldensage auszuspielen. Literarisch hat sich das Annolied zwar kaum verbreitet; selbst die eine Handschrift, nach der es Martin Opitz 1639 in Danzig drucken ließ, ist verschollen. Aber gewirkt hat es. Einerseits folgen ihm bald andere deutsche Legendendichtungen nach (Priester Arnolds Juliana; Silvester, Ägidius, Albanus, Servatius usw.). Andrerseits übernahm ein Regensburger Geistlicher bald nach 1147 große Stücke daraus in seine Kaiserchronik [4], die nun erstmals die Weltgeschichte als Kaisergeschichte von Caesar bis zur Gegenwart in deutschen Versen erzählt, fabelreich, legendär und sagenhaft, nicht als „Quelle" brauchbar für den Historiker, obgleich der Dichter sich gegen die „erdachten" Lügen der Spielleute verwahrt (v. 27 ff.). Für die Zeitgenossen war es doch Geschichte, dargestellt, wie man sie auf Adels- und Bauernhöfen zu hören liebte. Zwar sind diese 17283 Verse kein „Lied" mehr, ihr Dichter ist kein Spielmann, ihr Publikum wohl vornehmlich die neue Schicht des Rittertums. Doch sie fand zwei Jahrhunderte lang weithin Anklang, wurde öfters umgedichtet und ergänzt. In Versen Geschichte zu hören, war für die Laien noch immer die ihnen allein zugängliche Weise, und die „Pfaffen", die ihnen etwas beibringen wollten, ließen sich darauf ein. Geschichte war für sie gewiß auch das Alexanderlied des Pfaffen Lamprecht, um 1120/30 recht und schlecht aus dem Französischen übernommen, mehrfach überarbeitet und fortgesetzt. Geschichte war vollends, mit der Gestalt Kaiser Karls verbunden, das Rolandslied, das der Regensburger Pfaffe Konrad dem französischen Vorbild nachdichtete, vielleicht bald nach 1131 für den welfischen Bayernherzog Heinrich den Stolzen und seine Gemahlin Gertrud, Kaiser Lothars Tochter, vielleicht erst um 1170 für deren Sohn Heinrich den Löwen und seine englische Gemahlin Mathilde. Seitdem wurden historische Stoffe in der deutschen Dichtung beliebt, antike wie der Trojanerkrieg (Herbort von Fritzlar, Konrad von Würzburg), die Eneide (Veldeke) oder das Alexanderleben (Ulrich von Eschenbach), und mittelalterliche wie Herzog Ernst, in dem sich ottonische und salische Geschichte mit der Fabelwelt des Orients verquickt, oder Graf Rudolf, eine Kreuzfahrergeschichte, mehr und mehr auch Karl d. Gr. und seine Paladine. Im Nibelungenlied, der Kudrun, den Dietrich-Epen traten endlich auch die germanischen Völkerwanderungs-Schicksale, die durch die Jahrhunderte im Lied von Mund zu Mund gegangen sein müssen, ins helle Licht literarischer Gestaltung. Der Geschichte der eigenen Zeit wandte sich allerdings diese mittelhochdeutsche Epik noch auffallend selten zu. Nur in die Eneide Heinrichs von Veldeke ist (nach Th. Frings nicht vom Dichter selbst) eine Schilderung des Mainzer Pfingstfestes Kaiser Friedrichs I. von 1184 als Vergleich zur Aeneas-Hochzeit eingefügt und ein Hinweis auf die angebliche Auffindung des Pallas-Grabs auf Barbarossas erstem Italienzug. Daß ein sonst unbekannter Dichter namens

Absolon davon sang, *wie der edel stoufaere, der kaiser Friedrich verdarp und lebende hohes lop erwarp*, erfahren wir nur aus dem ‚Willehalm' Rudolfs von Ems (v. 2209 ff.); die Barbarossa-Dichtung ist leider verschollen. Rudolf von Ems selbst setzte nach einem schon reichlich gelehrten Alexander-Epos zu einer großen bebilderten Weltchronik an, die er dem Staufer Konrad IV. widmete. Sie blieb mit über 33 000 Versen in der alttestamentlichen Geschichte bei Salomo stecken, fand aber außerordentlich viele Leser, Nachahmer, Fortsetzer.

Mit solchen Reimchroniken war der Ton gefunden, in dem die klerikale Geschichtskenntnis auch den ritterlichen und bürgerlichen Laien erzählt und mit ihrer eigenen fabelreichen Überlieferung verschmolzen werden konnte. Noch immer im Stil der Kaiserchronik, mehr unterhaltsame Geschichten als verbürgte Geschichte von Adam bis zum letzten Staufer, erzählt um 1276 die Weltchronik des Wiener Bürgers Jansen Enikel; und in der ersten Hälfte des 14. Jahrhunderts faßte Heinrich von München in einer auf 100 000 Verse anschwellenden Weltchronik kompilatorisch alles zusammen, was inzwischen an biblischen und profanen Historien gedichtet worden war[5]. Dem Historiker haben diese Reimchroniken zu wenig „Quellenwert", dem Literarhistoriker zu wenig dichterischen Wert; aber die Zeitgenossen schätzten sie und bezogen daraus ihr Geschichtsbild, und noch die prosaischen „Historienbibeln" des 15. Jahrhunderts sind aus dieser Quelle gespeist.

Die Freude an gereimter Geschichtserzählung nahm sich seit dem 13. Jahrhundert auch öfters der zeitnahen und selbsterlebten Ereignisse an[6]. Ein Pfaffe Eberhard behandelt 1216 in niederdeutschen Versen die Geschichte des Klosters Gandersheim; eine Braunschweiger Fürstenchronik erzählt bald nach 1279 die Sachsen- und Welfengeschichte bis in die jüngste Zeit; auch von einer holsteinischen Reimchronik sind Fragmente über die Zeit von 1199—1201 erhalten. Der Kölner Stadtschreiber Gottfried Hagen dichtete 1271/7 die Geschichte des noch ganz aktuellen Streites seiner Stadt mit ihrem Erzbischof. Die Kreuzfahrt Landgraf Ludwigs des Frommen von Thüringen († 1190), der sich in der Erinnnerung bereits mit seinem gleichnamigen Neffen († 1227) verquickte, dem Gemahl der heiligen Elisabeth, wurde um 1301 in Schlesien in gereimten Versen besungen. Der Steirer

Dienstmann Ottokar erzählt, wohl von Jansen Enikels fabulösem Fürstenbuch angeregt, redselig, aber auch kenntnisreich mit ungewöhnlichem kulturhistorischen Interesse in fast 100 000 Versen die Geschichte seiner Heimat im Rahmen der Reichsgeschichte von 1250–1309. Auch die Eroberung und Bekehrung Livlands wurde schon gegen Ende des 13. Jahrhunderts von einem Deutschordensritter in einer livländischen Reimchronik drastisch geschildert, und bald wurde auch die preußische Ordensgeschichte nach der ersten lateinischen Darstellung Peters von Dusburg (1326) im Auftrage des Hochmeisters von dem Ordensgeistlichen Nikolaus von Jeroschin in deutsche Verse gebracht. Überhaupt wurde im Ordensland deutsche Geschichts- und Legendendichtung zur Tischlesung für die Ordensritter besonders gepflegt[7]. Aber auch sonst bekam im 14./15. Jahrhundert fast jede Landschaft, fast jede größere Stadt ihre Reimchronik, die meist der Geschichtsschreibung in deutscher Prosa voraufgeht. Darauf hat man (außer der Lokalforschung) noch zu wenig geachtet. So vieles sich mit den Standesverhältnissen und dem Kunstgeschmack gewandelt hat vom mythischen Heldensang der Frühzeit über Spielmannslied und Ritterepos zur bürgerlichen Reimchronik, es bleibt doch immer die Laienweise, Geschichte als Dichtung zu hören. In dieser sich oft wandelnden dichterischen Umgestaltung, auf die auch manche ausländische Vorbilder einwirkten wie vor allem die anglo-normannisch-französische Reimchronistik des 12. Jahrhunderts, hat sie kaum weniger, wahrscheinlich stärker auf die lebendige Geschichte, auf das Geschichtsbewußtsein der Handelnden gewirkt als die klerikale Buchtradition, die ihr mehr und mehr den Stoff lieferte, aber auch ihrerseits nicht davon unberührt blieb.

b) Volksgeschichte (Origo gentis)

§ 3

Von schriftlosen Germanenvölkern konnte keine eigene Geschichtsschreibung ausgehen. Ihre Geschichtsdichtung aber mußte gehört werden, wenn ihr Ursprung und Schicksal dargestellt werden sollte. Auf ihre *prisca carmina, cantiones* und *fabulae* beruft sich daher der Römer Cassiodorus Senator, der als Kanzler des Ostgotenkönigs Theoderich d. Gr., wohl von ihm veranlaßt, eine Gotengeschichte in 12 Büchern schrieb. Nur ein Auszug davon ist erhalten und im Mittelalter bekannt, verfaßt 551, als sich die Tragödie des Ostgotenreichs in Italien schon fast vollendet hatte, von Jordanes, einem katholischen Priester halbgotischer Herkunft *(De origine actibusque Getarum)*. Den Gedanken aber, die Geschichte eines Germanenvolks darzustellen, konnte damals wohl nur ein Römer fassen, dem die antike Literaturgattung der *origines* (Ursprünge) von Völkern oder Städten geläufig war. Cassiodor hat denn auch seine gelehrte Kenntnis antiker Geschichte übereifrig mit dem verquickt, was er von den Goten erfuhr: er identifiziert sie irrig, wie es früher schon Hieronymus und andere annahmen, mit den seit der Perserzeit an der Donaumündung bezeugten Geten und Skythen, um sie in die alte Geschichte einzuordnen; oder wie er selbst es in einem Schreiben König Athalarichs formulierte (Variae IX, 25): *originem Gothicam historiam fecit esse Romanam.* Die Herkunftssage der Goten aber, ihre Reichsgründung zwischen Ostsee und Schwarzem Meer und ihre Königsahnen kennt er aus ihren alten Liedern, die durch ihn ihre ersten Spuren ins Schrifttum einzeichnen. Trotz seiner fehlgreifenden Gelehrsamkeit schuf er damit ein neues Vorbild der „Volksgeschichte", das bei anderen Germanen bald Nachahmung fand.

Auch die Franken bekamen ihre Geschichte zuerst von einem schriftkundigen Mann aus provinzialrömischem Senatorenadel dargestellt, dem an der fränkischen Reichspolitik stark beteiligten Bischof Gregor von Tours († 593/4). Ohne das Werk von Cassiodor-Jordanes zu kennen, knüpft auch er, mit der Weltschöpfung und biblischen Genealogien beginnend, an patristische und spätrömische Chronisten an, bei denen die Franken zuerst auftauchen, um dann über den Reichsgründer Chlodwig, seine Vorfahren und Nachkommen zu erzählen, was sich schon halb sagenhaft in der Erinnerung lebendig erhalten hatte. Was er selbst als Bischof unter den entzweiten und entartenden Merowingern miterlebte und erfuhr, weiß er so drastisch und persönlich interessiert zu schildern, daß aus seinen *Historiae Francorum*[1], die man oft auch als fränkische Kirchengeschichte bezeichnete, in ihren späteren Teilen fast ein Memoirenwerk wird. Daß Gregor, der sich wegen der *rusticitas* seines Lateins entschuldigt, mehr Erzähler als Gelehrter war, kommt der lebendigen Wirkung nur zugute. Vielleicht hat er eben deshalb auch Fortsetzer und Nachahmer unter den Franken selbst in verschiedenen Reichsteilen gefunden. Was davon aus dem 7. Jahrhundert erhalten ist und unter dem schlecht verbürgten Namen eines Scholastikus Fredegar zusammengefaßt wird, ist zwar weit dürftiger, sprachlich vollends verwahrlost, mit trügerischer Gelehrsamkeit aufgeputzt (trojanische Abstammung der Franken!); doch zeichnet es wenigstens die wichtigsten Ereignisse zeitnah mit lebhafter Anteilnahme auf. Unabhängig davon wurden in Neustrien um 727 in einem *Liber historiae Francorum* Auszüge aus Gregor von Tours, dem man das Werk später zuschrieb, durch knappe Erzählungen über die Folgezeit ergänzt, und in Austrien wurde das als *Gesta regum Francorum* überarbeitet und noch ein Jahrzehnt weitergeführt. Daran anknüpfend, konnte ein Bruder Karl Martells noch den Aufstieg der Karolinger im 8. Jahrhundert als eine Art „Familienchronik" im Rahmen der Volks- und Reichsgeschichte darstellen lassen, und bis zu König Pippins Tod wurde das fortgesetzt (s. u. § 11). Dann versiegte diese Form der Geschichtsschreibung bei den Franken.

Im spanischen Westgotenreich schrieb der gelehrte Bischof Isidor von Sevilla bis 624 die Geschichte der Goten (zu denen er nicht gehörte), auch der Wandalen und Sueben, die er nur aus der Literatur kannte. Cassiodors Vorbild ist unverkennbar, Isidors eigene Leistung auf anderen Gebieten bedeutender.

Ein Jahrhundert später bekamen auch die Angelsachsen ihre Volksgeschichte, nun aber von einem Angelsachsen selbst: der Mönch Beda († 735) schrieb die *Historia ecclesiastica gentis Anglorum*[2]. Er kennt Jordanes, Gregor von Tours und Isidor, aber er kennt auch die eigene Volksüberlieferung von der sagenhaften Landung unter Hengist und Horsa an. Literarisch reich gebildet, auch mit der heimischen Dichtung vertraut, in klarem Latein und schlichter Sachlichkeit schreibt er seine Kirchen- und Klostergeschichte zugleich als Volks- und Königsgeschichte, vorbildlich für das ganze Mittelalter nicht nur in England. Früher schon, um 560, hatte ein britischer Kelte Gildas die Geschichte seines Volkes in die Klage über seinen Verfall verwoben *(De excidio Britanniae)*. Aus ihm und Beda, auch aus der Hieronymus-Chronik und Orosius schöpft die *Historia Britonum*, die um 822 ein walliser Kleriker Nennius verfaßt haben soll, voller Fabeln aus keltischer Frühzeit, die später durch die phantastische, rasch weit verbreitete *Historia regum Britanniae* des Gottfried von Monmouth (kurz von 1139) in die ritterliche Artusepik einströmten.

Auch der Langobarde Paul Warnefried, Paulus Diaconus genannt, der in Monte Cassino Mönch wurde, aber jahrelang am Hofe Karls d. Gr. lebte, kannte und benutzte Bedas Werk wie auch die früheren Volksgeschichten seit Jordanes, als er gegen Ende seines Lebens eine Geschichte der Langobarden verfaßte. Eine kürzere *Origo gentis Langobardorum* (um 670) fand er schon vor. Doch er konnte sie und andere literarische Kenntnisse ergänzen durch eine Fülle langobardischer Sagenüberlieferung, die seinem Werk einen besonders ursprünglichen Klang gibt.

Diesen Vorbildern folgt der sächsische Mönch Widukind von Korvei mit seiner Sachsengeschichte von 968 (fortgesetzt bis 973)[3]. Auch er verbindet mit der Herkunftssage gelehrte Kombinationen über die Abstammung der Sachsen von den Griechen, vom Alexanderheer, ohne recht daran zu glauben. Er kennt die sächsische Frühgeschichte, die *origo gentis*, nur aus der ungewissen *fama*, beruft sich auch ausdrücklich auf die Lieder der *mimi*, der „Spielleute". Andrerseits hat er römische Historiker, vor allem Sallust, vor Augen und im Gedächtnis und wiederholt gern ihre Wendungen. Das alles dient jedoch dem Ruhm seines Sachsenvolkes, das die Franken ablöste in der Reichsführung, und seiner Herrscher Heinrich I. und Otto I., der „größten Könige Europas", die Kaiser wurden, meint er, nicht durch die römische Krönung, sondern durch eigene Tatkraft, von ihrem siegreichen Heervolk erhoben. Aus eigener Wurzel in die fränkische und christliche Tradition hineingewachsen, der römischen nicht bedürftig, sind die Sachsen, mit den Franken zu einem Volke vereint, für Widukind zu Trägern der deutschen Geschichte geworden.

Anderen deutschen Stämmen fehlt eine „Volksgeschichte" dieser Art; nur die *Origo gentis Swevorum* fand später eine kurze Darstellung. Dagegen schrieb um 1120 der Prager Domherr Cosmas sehr nationalbewußt eine ‚Chronik der Böhmen' als Geschichte seines Tschechenvolkes von der arkadisch-paradiesischen Urzeit, als die sagenhafte Libussa den Bauern Přemysl zum Herzog und Gemahl erwählte, bis zu seiner Gegenwart; Spätere setzten sie fort. Um dieselbe Zeit bekamen auch die Polen ihre Volksgeschichte dargestellt, allerdings von einem welschen Ausländer unbekannten Namens *(Gallus anonymus* ed. Maleczynski 1952), der aber nur aus polnischen Liedern und Sagen vom Bauern Piast als Stammvater der Polenherzöge gehört haben kann und die Geschichte seiner Zeit in Polen miterlebte. Auch in Ungarn wurde damals die erste Volks- und Fürstengeschichte aus literarischen Traditionen des Westens und heimischer Sagenüberlieferung zusammengewoben, die leider verloren, nur aus Ableitungen zu erschließen ist. Und in seltsamem Gleichtakt, nicht durch literarische Beziehungen erklärbar, entstand zur gleichen Zeit im Kiewer Höhlenkloster die ‚Nestor-Chronik', die in altrussischer Sprache die Schicksale der „Russen", der nordgermanischen Waräger und ihrer slavischen Untertanen vom Sagenhelden Rurik an erzählt (deutsch von R. Trautmann 1931).

Endlich hat der gelehrte Däne Saxo Grammaticus um 1200 auch die reiche nordische Sagenüberlieferung mit der nationalgesinnten Darstellung der Zeitgeschichte zu einer umfangreichen *Historia Danica* zusammengefaßt, die auch den Nordgermanen ihre Volksgeschichte gab[4].

Dieser Umblick zeigt, wie ein Volk nach dem andern, vom Süden über Westen und Osten nach Norden, ins Licht dieser Volksgeschichtsschreibung trat und sie sich zu eigen machte. Die späten Römer vermitteln sie an die Germanen und diese an ihre östlichen Nachbarn in einem großen Zuge quer durch Europa, der die Kulturwanderung spiegelt. So sehr dabei literarische Traditionen wirksam sind, hat doch jede dieser Volksgeschichten ihr eigenes Gepräge, nimmt die heimische mündliche Überlieferung in sich auf und nährt daran den Stolz auf die eigene Geschichte. Wie in der volkssprachlichen Geschichtsdichtung fehlt dabei zumeist der Sinn und oft jeder Anhaltspunkt für genaue Zeitbestimmung der Ereignisse, die nach dem Hörensagen erzählt und mit gelehrten Kenntnissen kombiniert werden. Das hat es schon mittelalterlichen Chronisten schwergemacht, diesen Stoff in ihr Zeitenschema einzuordnen, der doch so viel lebendige, im Gedächtnis aus frühen Zeiten fortlebende Anschauung bot. Eine eigenständige Form und Tradition der Geschichtsschreibung hätte daraus erwachsen können. Sie ist jedoch über

Ansätze kaum hinausgekommen. Selten hat der erste Wurf solcher Volksgeschichte vorbildlich für spätere Versuche bei demselben Volk gewirkt, schon weil nationale Umschichtungen das Völkergefüge veränderten. Die Ostgermanenreiche gingen unter. Die Angelsachsen kamen unter die Herrschaft der Normannen; als beide zu einem Volk verschmolzen, entzündete sich in England am Vorbild Bedas seit Wilhelm von Malmesbury (um 1125) und Heinrich von Huntingdon (nach 1130) am ehesten wieder eine Art nationaler Geschichtsschreibung[5]. Das Frankenreich zerbrach, staatlich wie völkisch. Als Frankreich sich seit dem 12. Jahrhundert auf die fränkisch-karolingische Erbschaft besann und berief, schuf es sich auch eine Darstellung seiner nationalen Geschichte seit jenen Anfängen. Im Königskloster S. Denis bei Paris ließ der große Abt Suger († 1151) alle Überlieferung über Frankreichs Vergangenheit zusammenschreiben, und schon um die Mitte des 13. Jahrhunderts wurden die immer weiter fortgesetzten ‚*Grandes chroniques de France*' auch in französische Prosa gebracht[6].

Deutschland aber bekam im Mittelalter keine Darstellung seiner Volksgeschichte, als fehlte ihm der Blick auf eine gemeinsame Vergangenheit. Jeder Stamm hatte, nur teilweise aufgezeichnet, seine eigenen Erinnerungen, die noch nicht zu einer gemeinsamen Tradition verschmolzen waren, als die Stammesverbände sich auflösten. Die frühe Germanengeschichte, die man erst seit dem 13. Jahrhundert als Vorzeit des eigenen Volkes wiederentdeckte (zuerst im *Memoriale* Alexanders von Roes 1281)[7], griff weit über Deutschland hinaus. Politisch und so auch historiographisch ordnete es sich in die universalen Traditionen des römischen Imperiums ein, des letzten der von Daniel prophezeiten Weltreiche. Seine Volksgeschichte ging in der Heilsgeschichte auf. Immer war der Blick mittelalterlicher Geschichtsschreiber zu weit oder zu eng, um die deutsche Geschichte als etwas eigenes zu sehen. Erst der elsässer Humanist Jakob Wimpfeling schrieb 1502 mit seiner *Epitome rerum Germanicarum* einen Abriß der deutschen Geschichte, italienischen Vorbildern folgend, mit dem *Compendium de origine Francorum* des französischen Humanisten Robert Gaguin rivalisierend. Erst die nationale Geschichtsschreibung anderer Völker hat die Deutschen ihre eigene Volksgeschichte sehen gelehrt.

c) Weltchroniken

§ 4

Die christliche Weltchronik ist das Gegenstück zur profanen Volksgeschichte. Die Christen als das „Volk Gottes"[1] traten von früh an in Wettbewerb mit den natürlichen Völkergemeinschaften um den Vorrang und das höhere Alter ihrer Geschichte. Die alttestamentliche Überlieferung diente ihnen als Beweis, daß ihre Tradition die älteste sei, „Moses älter als Homer", die Patriarchen und Propheten älter als heidnische Philosophen und Dichter. Diese Überzeugung frühchristlicher Apologeten hat wohl zuerst ein gelehrter, mit Origenes befreundeter Laie, Sextus Julius Africanus (wahrscheinlich in Jerusalem)[2], am wirksamsten aber der Bischof Eusebius von Caesarea, Kaiser Konstantins Lobredner und Biograph, systematisiert. In seinen ‚Zeittafeln' (*chronicorum canones*, bis 325) synchronisiert er die biblische Geschichte mit den antiken Dynastien und Olympiaden nach der Zeitrechnung seit Abrahams Geburt, berechnet nach der Septuaginta, der griechischen Übersetzung des Alten Testaments. Von Hieronymus ins Latein übertragen und bis 378 ergänzt, wurde diese Chronik zur Grundlage mittelalterlicher Geschichtsschreibung. Schon Augustin benutzte sie. Durch ihn bürgerte sich die Gliederung dieser Welt- und Heilsgeschichte von Weltanfang bis Weltende in sechs Zeitalter ein, analog den Lebensaltern. Demnach beginnt die letzte, sechste *aetas*, das Greisenalter des Gottesvolkes, mit Christus; an seinem Ende kommt der Antichrist. In und über aller Geschichte sieht Augustin die *Civitas Dei*, das Gottesvolk, mit der *civitas terrena* der Weltkinder ringen[3]. Durch ihn veranlaßt, stellte der spanische Priester Paulus Orosius in seinen *Historiae adversus paganos* die „Unheils"-Geschichte von Adam bis zu seiner Gegenwart (417) drastisch der christlichen Heilsgeschichte und -erwartung gegenüber, um wie Augustins *De civitate Dei* die Vorwürfe zu entkräften, das Christentum sei schuld am Niedergang des römischen Reiches, an der Eroberung Roms durch Alarichs Westgoten. Orosius, dessen Historien zum Lehrbuch des Mittelalters wurden, wertet dabei die heilsgeschichtliche Rolle des römischen Reiches höher als Augustin und verschmilzt gleichsam die christliche und römische Geschichte. Er übernimmt bereits von älteren

Exegeten die Gliederung der Weltgeschichte nach der Traumdeutung Daniels in eine Abfolge von vier Weltreichen, als deren letztes das römische Imperium dauern wird bis ans Ende.

Dieser Rahmen der Weltalter und Weltreiche wurde von mittelalterlichen Chronisten selten verlassen oder überschnitten, nur mit neuem Stoff gefüllt, wie ihn schon manche Geschichtswerke des 5./6. Jahrhunderts lieferten. Noch vor Orosius, um 403, stellte in Gallien Sulpicius Severus, der rhetorisch gebildete Gefährte und Biograph des heiligen Martin, die biblische und kirchliche Geschichte im Stil spätrömischer Historiographie dar; doch diese Chronik geriet, ganz im Gegensatz zu seiner Martins-Vita, bald in Vergessenheit. Andere setzten die Hieronymus-Chronik fort (Prosper von Aquitanien 433, Marcellinus Comes bis 518) oder gaben einen Abriß der biblischen und römischen Geschichte wie die spärliche *Chronica* Cassiodors (519) und *De summa temporum vel origine actibusque gentis Romanorum* des Jordanes. Erst Isidor von Sevilla schematisierte, auf Hieronymus gestützt, in seinem *Chronicon* (bis 627) und auszugsweise in seinen im Mittelalter allbekannten ‚Etymologien' dieses christlich-spätantike Geschichtsbild so übersichtlich, wie man es für die Schule brauchte. Ihm folgte Beda in seinen Lehrbüchern *De sex aetibus* und *De ratione temporum,* stoffreicher und genauer datierend, maßgebend für alle Zeitrechnung in den folgenden Jahrhunderten[4]. Nach den Zeitangaben der Vulgata setzt Beda den Weltbeginn um 1246 Jahre später an als Eusebius-Hieronymus nach der Septuaginta, und als erster Geschichtsschreiber verwendet er die Datierung nach Jahren seit Christi Geburt, wie sie der skythische Mönch Dionysius Exiguus 525 in Rom für die Feststellung der Ostertermine errechnet hatte. Erst durch Beda und die angelsächsischen Missionare wurde diese christliche Ära auch im Frankenreich allgemein eingebürgert.

Diese literarischen Traditionen der christlichen Weltchronik belebten sich in der Karolingerzeit aus dem neu erwachten Bedürfnis nach universalhistorischer Einordnung der eigenen Zeit. Bischof Frechulf von Lisieux, Schüler Alcuins und Freund des Hrabanus Maurus, stellte vor 829 in einem Mosaik von Zitaten, das gleichwohl ein eigenes Bild ergibt, die Weltgeschichte von Adam bis zu Papst Gregor I. und der langobardischen Herrschaftsgründung in Italien dar[5]. Das fränkische Reich behandelt er noch nicht als Fortsetzung des römischen, das nach seiner Meinung den Germanenstürmen erlag. Doch widmet er den 2. Teil seiner Chronik der Kaiserin Judith, der Gemahlin Ludwigs des Frommen, zur Belehrung ihres Sohnes Karls des Kahlen. Dagegen führt Erzbischof Ado von Vienne' († 874) seine ‚Chronik von den sechs Weltaltern' schon bis in seine Gegenwart fort und springt von den oströmisch-byzantinischen Kaisern auf Karl d. Gr. als ersten *imperatc ex gente Francorum*. Und der 899 abgesetzte Abt Regino von Prüm will mit seiner im Trierer Maximinkloster geschriebenen Chronik von Christi Geburt bis 906 der Geschichtsschreibung der Juden, Griechen, Römer auch „in unseren weit geringeren Zeiten" etwas an die Seite stellen[6]. Der Zerfall des Frankenreichs, über den er sich schwere Gedanken macht, hat jedoch diese Weltgeschichtsschreibung auf lange Zeit unterbrochen; höchstens daß im 10. Jahrhundert die Annalen von St. Vaast in Arras durch eine weltgeschichtliche Kompilation nach rückwärts ergänzt wurden oder der Mönch Benedikt von St. Andrea am Sorakte bei Rom eine Chronik seit Christus versuchte, die ihm nur zur stammelnden Lokalgeschichte geriet.

Erst um die Mitte des 11. Jahrhunderts, als nicht nur die weitgreifende Reichspolitik, sondern auch die mönchisch-kirchliche Reformbewegung und vollends dann der Konflikt zwischen beiden und die Kreuzzüge die Blicke weiteten und schärften, setzt wieder eine bedeutende Weltchronistik ein, am frühesten und stärksten in Deutschland. Wahrscheinlich entstand zuerst um 1140 auf der Reichenau eine (nicht oder nur in Auszügen erhaltene) Welt- oder Kaiserchronik; vielleicht hat sie Hermannus Contractus, der gelähmte, vielseitig gelehrte Reichenauer Mönch aus schwäbischem Grafenhaus, der schon mit 41 Jahren starb, nicht nur gleich anderen benutzt, sondern selbst verfaßt als Vorstufe zu seiner bis in sein Todesjahr 1054 reichenden Chronik seit Christi Geburt[7], einem Muster umsichtiger, zuverlässiger Sachkunde in schlichtem, klarem Stil. Sein Schüler Berthold setzte das Werk fort bis in die Anfänge des Investiturstreits, ebenso ein anderer Schwabe, Bernold von Konstanz, später in S. Blasien, der auch kirchenpolitische Traktate schrieb. Beide sind, päpstlich gesinnt, schon von der polemischen Erregung erfaßt, der sich bald kein Chronist mehr entziehen konnte. Am deutlichsten wird das spürbar an der großen, die Vorgänger überholenden Weltchronik des Priors Frutolf im Bamberger Kloster Michelsberg und ihrer Fortsetzung durch Abt Ekkehard von Aura[8]. Frutolf, der von der Hieronymus-Chronik ausgehend den weitschichtigen Stoff bis 1099 gewissenhaft zusammentrug und sichtete, nicht ohne besonnene Kritik an der *dissonantia historiarum,* steht in der Darstellung auch seiner Gegenwart noch nicht im Zwiespalt zwischen Papst- und Kaisertreue. Ekkehard aber, der dieses Werk mehrfach überarbeitete und fortsetzte, spiegelt darin alle Schwankungen des Kirchenkampfes. Feindselig gegen Heinrich IV., preist er anfangs überschwenglich dessen Sohn und Nachfolger, der als Parteigänger des Papstes und der Fürsten gegen seinen Vater eine „goldene Zeit" des Friedens zu bringen schien. Doch der Kaiser enttäuschte ihn durch sein neues Zerwürfnis mit der Kurie, und so schließt Ekkehard die letzte Fassung seiner Chronik 1125 mit hartem Tadel gegen Heinrich V. Dabei benutzte er schon ein ähnliches, 1111 beendetes Werk des Mönches Sigebert von Gembloux (im Bistum Lüttich), der ebenso fleißig, gebildet und beredt, aber kaiserlich statt päpstlich gesinnt war, auch Streitschriften gegen die Gregorianer schrieb, anderseits Heiligenlegenden, eine Klostergeschichte und erstmals seit der Spätantike auch eine Literaturgeschichte *De viris illustribus.* Er ist wohl Wallone, aber die fränkischen Reichsgründer sind ihm „unser Volk", und im Mittelpunkt seiner universalen Interessen steht durchaus die Reichsgeschichte. Trotzdem hat seine Chronik ihre starke Wirkung vornehmlich im Westen geübt; in Flandern, der Normandie, England und Frankreich ist sie oft fortgesetzt, viel benutzt und gerühmt worden, zumal wegen ihrer Bemühung um genaue Chronologie, mit der sie einen älteren Versuch des als Klausner in Deutschland lebenden Iren Marianus Scottus († 1082) übertraf, der die Berechnung des Geburtsjahres Christi um 22 Jahre glaubte berichtigen zu müssen[9]. — In Deutschland dagegen blieb die Frutolf-Ekkehard-Chronik maßgebend. Weitverbreitet, oft fortgesetzt und ausgeschrieben, lieferte sie auch dem Werke den Stoff, das in der nächsten Generation diese Weltchronistik zur Vollendung brachte: der *Chronica sive Historia de duabus civitatibus* des Bischofs Otto von Freising[10]. Was jene Chronisten gesammelt, geordnet, verzeichnet hatten, hat er philosophisch durchdacht. Mit Augustin sieht er über aller wandelbaren Geschichte die ewige *Civitas Dei;* in der irdischen Geschichte aber sieht er seit Konstantin Reich und Kirche vereint in einer Gemeinschaft, die immer nur eine *civitas permixta* sein kann auf dem Weg zum Gottesreich. Daß diese Einheit zerbrach, seit Heinrich IV. (Ottos Großvater!) von Gregor VII. gebannt wurde, darunter leidet der salier- und staufer-verwandte Reichsfürst, Bischof und Zisterzienser Otto, das kündigt ihm das Ende der Geschichte an, wie es nach der Offenbarung zu erwarten ist. So schließt er seine Chronik nicht mit der Darstellung seiner Gegenwart (bis 1146), in der ihm nur die Mönche und Eremiten noch als echte Gottesbürger erscheinen, sondern er fügt im 8. Buch unmittelbar an, was in der Schrift und Tradition über die bevorstehenden Endzeitereignisse verheißen war: Antichrist, Auferstehung und Gericht. Vom Weltbeginn bis zum Weltende umfaßt Ottos Chronik das Ganze des menschlichen Daseins, das in sich geschlossenste, tiefsinnigste Bild der Weltgeschichte im Mittelalter.

Nachfolge hat sie damit nicht gefunden. Wohl wurde sie in den nächsten Jahrhunderten viel gelesen, besonders in Süddeutschland vom Elsaß bis Österreich, manchmal auch fortgesetzt, so wenig das ihrer Struktur entsprach, am erfolgreichsten durch Otto von St. Blasien (bis 1209). Andere, wie der schwäbische Propst Burchard von Ursberg, schlossen ihre Darstellung der Zeitgeschichte (bis 1229) an die Ekkehard-Chronik an. Aber die Kraft zu einer weltgeschichtlichen Konzeption versiegte bald ganz, und selbst der Tatsachensinn früherer Chronisten wich einer Vorliebe für Fabeln und Geschichten, die z. B. die großenteils gereimten, immer mehr anschwellenden Geschichtswerke Gottfrieds von Viterbo, des Erziehers Heinrichs VI., mehr unterhaltsam als zuverlässig macht. Vollends nach dem Ende des Stauferreichs wird die Geschichtsschreibung entweder provinziell oder schul- und lehrbuchhaft. Gleichzeitig mit den großen theologischen Summen der Hochscholastik häufte ein französischer Dominikaner Vincenz von Beauvais († 1264), Prinzenerzieher am Hofe Ludwigs IX. des Heiligen, alles historische Wissen enzyklopädisch zusammen in einem *Speculum historiale,* dem ein *Speculum naturale* und *doctrinale* zur Seite ging. Als Handbuch für Theologen und Juristen schrieb der Dominikaner Martin von Troppau (Martinus Polonus, † 1278, päpstlicher Pönitentiar, zuletzt Erzbischof von Gnesen) seine Papst- und Kaiserchronik, als Blütenlese für Predigtzwecke ein anscheinend gleichnamiger Franziskaner seine *Flores temporum* (bis 1288). In diesen gleichförmigen, oft fortgesetzten „Martins-Chroniken" [11], die das Feld der Welthistorie im Spätmittelalter beherrschten, ist das alte synchronistische Schema insofern beibehalten, als die gleichzeitigen Päpste und Kaiser mit ihren Taten nebeneinanderstehen. Der dadurch zugemessene Raum wird unkritisch und zusammenhanglos mit dürftigem Stoff gefüllt und gern mit Anekdoten gewürzt. Populär lehrhaft, aber weder wissenschaftlich noch politisch oder wahrhaft historisch interessiert, haben diese schematischen Bettelmönchs-Kompendien in fast epidemischer Verbreitung, bald auch in die Volkssprachen übersetzt, jahrhundertelang den geschichtlichen Sinn eher erstickt als gefördert. Selten, daß ein Fortsetzer so viel Interessantes über die eigene Zeit so gut zu erzählen weiß wie der Jurist Matthias von Neuenburg, seit 1328 in Straßburg, dem vorzügliche Charakteristiken Rudolfs von Habsburg und Ludwigs des Bayern und aufschlußreiche Nachrichten bis in die Anfänge Karls IV. zu verdanken sind. Auch die Chronik des Franziskaners Johann von Winterthur ergänzt die *Flores temporum* fast plaudernd durch allerlei Merkwürdigkeiten zumal aus seiner Schweizer Heimat bis zum Pestjahr 1348, ähnlich mit mehr politischem Sinn unter Karl IV. der Eichstätter Chorherr Heinrich Taube aus Selbach († 1364). Zumeist aber werden die Martins-Chroniken nur kompilatorisch weitergeführt — wie in der später viel benutzten Weltchronik des Dominikaners Heinrich von Herford (bis 1355) —, während sich die lebendige, spontane Geschichtsschreibung des Spätmittelalters auf kleinere Zeiten und Räume beschränkt. Auch der erste Versuch Eikes von Repgow, des Sachsenspieglers, im Anschluß an Frutolf-Ekkehard eine Weltchronik in der Volkssprache zu schreiben (um 1237), hat trotz mancher Fortsetzungen nicht Schule gemacht. Erst nach der Mitte des 14. Jahrhunderts schrieb in Straßburg Fritsche Klosener eine deutsche Papst-Kaiser-Chronik mit starkem elsässer Lokalkolorit, und Jakob Twinger von Königshofen, Kanoniker im Straßburger Thomas-Stift († 1420), geriet über demselben Vorsatz noch mehr in stoffreiche Landesgeschichte. Manche Chronisten des 15. Jahrhunderts variierten ihre lateinischen Werke auf deutsch, so 1424 der Hildesheimer Augustinerchorherr Dietrich Engelhus aus Einbeck (ungedruckt), der Lübecker Dominikaner Hermann Korner († 1438), auch sein bayerischer Zeitgenosse Andreas von Regensburg. Nur über ihre eigne Zeit und Umwelt wissen sie dabei mancherlei Neues zu berichten, während der schon humanistisch berührte Sigismund Meisterlin bei der Verdeutschung seiner Augsburger Chronik von 1456 gerade das letzte Jahrhundert wegließ, weil die widerspruchsvollen Zeugnisse und Meinungen darüber die Laien nur verwirren, *die gar leicht ain ding verwerffent, wann sy ain klaine ursach vinden; das ich von den gelerten nicht besorg, wann sy wol wissent, das wir menschen seyen; ... darumb so laß ichs genůg sein, das ich es in latein gemacht.* Der Humanismus hat in Deutschland nur den Stil, nicht die Grundform und den Gehalt der Weltchroniken verändert. Noch der Nürnberger Stadtarzt Hartmann Schedel gliedert seine reich mit Holzschnitten illustrierte Weltgeschichte, die 1493 lateinisch und deutsch gedruckt wurde, herkömmlich in die sechs *aetates;* noch die ersten protestantischen Chronisten, der von Melanchthon angeregte Johann Carion († 1538) und Johann Sleidan (*De quattuor summis imperiis,* 1556) vermitteln die alte Tradition der vier Weltreiche an die Neuzeit; noch Bossuet wiederholt beides 1681 im *Discours sur l'histoire universelle,* kurz ehe sich die Aufklärungslehre des Kulturfortschritts als Maß und Ziel aller Geschichte durchsetzte.

d) Annalen

§ 5

Chroniken und Annalen pflegt man in einem Atem zu nennen, und gewiß haben sie manches gemeinsam. Annalen schließen sich oft an Chroniken an, die ihrerseits den Stoff meist „annalistisch" nach Jahren gliedern. Trotzdem ist ihr literarischer Charakter grundverschieden. Chroniken sind Bücher eines bestimmten Verfassers, der sich meist nennt und auf Verbreitung seines Werkes bedacht ist; sie wollen belehren und bilden als geistig-literarische Gestaltung der Gesamtgeschichte. Annalen dagegen sind Aufzeichnungen für den eigenen Gebrauch der Klöster oder Domstifter, meist anonym, ohne Titel, ohne Vorwort und Widmung, ohne literarischen Anspruch, oft von vielen Händen durch Generationen fortgeführt, aber selten durch unveränderte Abschriften über den Ursprungsort hinaus verbreitet. Verhältnismäßig viele Annalen sind daher, wenn überhaupt, in der Urschrift (Autograph) erhalten, viele andere mit der Urschrift ganz verlorengegangen oder nur aus Ableitungen zu erschließen. Denn benutzt wurden sie oft für die Aufzeichnungen anderer Klöster. Deshalb bestehen zwischen vielen Annalen enge, doch nicht immer leicht durchschaubare Verwandtschaften, die manchmal die Rekonstruktion verlorener Annalen ermöglichen. So konnte Wilhelm Giesebrecht 1841 die Niederalteicher Annalen ziemlich genau rekonstruieren, ehe sie sich erst 1867 auch in einer Abschrift Aventins fanden; ähnlich sind die Paderborner Annalen 1870 von Paul Scheffer-Boichorst, auch Nienburger, Ilsenburger Annalen u. a. aus ihren Ableitungen erschlossen worden.

Annalen sind die eigenwüchsigste Form mittelalterlicher Geschichtsschreibung, weniger von literarischen Traditionen der Spätantike bestimmt als Volksgeschichten, Chroniken, Biographien, sondern aus dem eigenen Bedürfnis der Klöster erwachsen. Sie haben wohl spätantike Vorläufer, aber kein unmittelbares Vorbild in den römischen Annalen, die in der späteren Zeit (Tacitus!) gerade nicht Gegenwartsgeschichte wie die „Historien", sondern die Vergangenheit behandelten. Nur der Gattungsname wurde in karolingischer Zeit übernommen, und der Ursprung ist verwandt. Wie die römische Annalistik aus historischen Notizen zu den Konsullisten *(fasti consulares)* hervorging, so liegen den mittelalterlichen Annalen Ostertafeln zugrunde, auf denen Jahr für Jahr der wechselnde, das Kirchenjahr bestimmende Ostertermin verzeichnet war. Daneben blieb Platz, wichtige Ereignisse des Jahres einzutragen, den Wechsel der Äbte, Bischöfe, Päpste, der Herrscher und Fürsten, Kriegsgeschehen, Naturereignisse und sonstige Merkwürdigkeiten, alles in buntem Wechsel zusammenhanglos mit knappen Worten notiert. Die ältesten Annalen-Handschriften seit dem 8. Jahrhundert, einzelne bis ins 12. Jahrhundert zeigen noch diesen Ursprung aus der Ostertafel. Doch haben sich diese Jahreseinträge bald verselbständigt, von den Ostertafeln gelöst und erweitert.

Durch Bedas chronologische Lehrbücher (s. o. § 4), die die Angelsachsen im Frankenreich verbreiteten, und durch dessen politisch-kulturellen Aufschwung unter den ersten Karolingern wurden viele Klöster angeregt, sich Annalen anzulegen[1], sie untereinander auszutauschen, zu ergänzen und fortzuführen, meist noch ziemlich wortkarg, aber mit vielen zuverlässigen Nachrichten. Sie lassen sich nur nach dem Entstehungs- oder Fundort der Handschriften (nicht immer sicher) oder nach ihrem Besitzer oder Entdecker benennen; ihre Abhängigkeit untereinander ist ein oft strittiges Problem.

Am Hofe Karls d. Gr. muß man die Brauchbarkeit solcher Annalen für die Darstellung der eigenen Politik, wie man sie gesehen haben wollte, früh erkannt haben. Denn um 788 entstand ein ausführliches Annalenwerk, mit Karl Martells Tod 741 einsetzend, bis ins 9. Jahrhundert fortgeführt, das unverkennbar den politischen Intentionen des Hofes folgte, zuvörderst wohl die Absetzung des Bayernherzogs Tassilo (788) rechtfertigen sollte. Man bezeichnete es deshalb als ‚Fränkische Reichsannalen' (seit Ranke 1854, früher als *Annales Laurissenses majores* nach der ältesten Handschrift im Kloster Lorsch). Diese wichtigste, „offiziöse" Quelle für die Geschichte Karls d. Gr. ist zugleich ein sprechendes Zeugnis für die Bildungsreform seiner Zeit. Denn die ursprüngliche Fassung in ungelenkem, oft undeutlichem Latein wurde nach 800 stilistisch überarbeitet und seitdem fortgeführt in reiner, klarer, fast klassischer Sprache[2]. Man hielt das früher irrig für ein Werk Einhards, der diese Annalen für seine Karls-Vita benutzte, und nannte deshalb die Neufassung und Fortsetzung (bis 829) ‚Einhard-Annalen'. Jedenfalls stammen sie aus dem bildungseifrigen Hofkreis um Karl und Alcuin. Fraglich ist auch, ob Einhard an den daran anschließenden Fuldaer Annalen Anteil hat, die dann von Fuldaer Mönchen bis 888, mit einem Ableger in Bayern sogar bis 901 geführt wurden. Auch sie sind über die Reichsgeschichte so gut informiert, daß man einen offiziellen Auftrag und Einfluß wahrscheinlich des Mainzer Erzbischofs annimmt und von einer ostfränkischen Fortführung der Reichsannalen spricht, wie sie ähnlich im westfränkischen Reichsteil in den sogenannten *Annales Bertiniani* (nach der Handschrift im Kloster St. Bertin in St. Omer) vom Bischof Prudentius von Troyes, dann 861–882 vom Erzbischof Hinkmar von Reims, dem Staatsmann Karls des Kahlen, selbst geschrieben wurde. Auch im lothringischen Mittelreich wurden die Reichsannalen bis 873 fortgesetzt in den sogenannten Xantener Annalen, zunächst wohl bis 860 von dem ehemaligen Aachener Pfalzbibliothekar Gerward, der nach Einhard die Aufsicht über die Pfalzbauten und -werkstätten führte und später Mönch in Lorsch wurde. Diese dreifache Aufspaltung der Reichsannalistik spiegelt die Zergliederung des Frankenreichs, und bisweilen wird darin trotz ihrer sachlichen Kürze die divergierende politische Gesinnung in der Beurteilung des Reichszerfalls aus ostfränkischer, lothringischer und westfränkischer Sicht spürbar.

Mit dem Ende des Karolingerreichs versiegt diese reiche Annalistik. Während sie im Westreich um die Mitte des 10. Jahrhunderts bei Flodoard, dem Archivar der Reimser Kirche, noch einmal kräftig auflebt, beginnen deutsche Klöster gleichsam noch einmal von vorn mit der Aufzeichnung sporadischer Notizen. Erst in der Spätzeit Ottos I. erwächst daraus wieder eine bei aller Knappheit vielsagende, sachkundige Darstellung der Reichsgeschichte, als in S. Maximin bei Trier der Mönch Adalbert, der auch in der Reichskanzlei tätig war und von Otto I. als Missionar an den Kiewer Warägerhof geschickt, später zum ersten Erzbischof von Magdeburg erhoben wurde, die Chronik Reginos von Prüm (s. o. § 3) annalistisch bis 967 fortsetzte. Seitdem entstanden besonders in den sächsischen Klöstern wie Quedlinburg und Hildesheim, aber auch anderwärts aufschlußreiche Annalen, die mehr und mehr Zeitgeschichte aufnehmen. Am drastischsten zeigen dieses Anschwellen die Annalen Lamperts von Hersfeld[3], der einen früher in seinem Kloster verfaßten weltgeschichtlichen Abriß mit dürftiger annalistischer Fortsetzung bis 1040 vorausschickt, über die nächste Zeit auch noch nicht viel zu berichten weiß, dann aber Jahr für Jahr ausführlicher wird, bis er schließlich den Sachsenaufstand gegen Heinrich IV., den Ausbruch des Investiturstreits, den Canossa-Gang so ausführlich schildert, daß er für die letzten drei Jahre so viel Raum braucht wie für alles Frühere seit Weltbeginn. Sein phantasievoller Erzählerdrang sprengt den annalistischen Rahmen, gefährdet auch, mehr noch als seine gehässige Erbitterung gegen Heinrich IV., die Sachlichkeit seiner Darstellung. Seine bedenkliche Begabung, die Geschichte zu dramatisieren, macht jedoch seine Erzählung höchst eindrucksvoll und kann bei kritischer Benutzung auch die Fülle seiner Kenntnisse nicht entwerten.

In solchem Maße sind freilich andere Annalen nie zur Zeitgeschichte angeschwollen. In den Wirren des Papst-Kaiser-Konflikts sind sie überhaupt weniger gediehen als die umfassenderen oder polemischen Werke. Dann gab die friedvollere Herrschaft Lothars von Supplinburg den Annalisten neuen Auftrieb, besonders in den sächsischen Klöstern, in Magdeburg und Erfurt, in Pöhlde am Harz und Pegau bei Merseburg, in Steterburg bei Wolfenbüttel und auf dem Lauterberg bei Halle. Das Ende Heinrichs des Löwen spiegelt sich fast nur in dieser Annalistik. Auch im babenbergischen Österreich setzt sie damals erst kräftig ein, ausgehend vom Kloster Melk seit 1123, und sie blühte dort länger als anderwärts bis ins 14., ja in Melk bis ins 16. Jahrhundert fort[4]. Auch im staufischen Südwesten konnten die sogenannten Marbacher Annalen reichhaltige, zuverlässige Aufzeichnungen aufnehmen, in denen wahrscheinlich ein Propst Friedrich von S. Thomas in Straßburg, zeitweise in der Reichskanzlei tätig, die wertvollsten Nachrichten über Heinrich VI. gab[5]. Ähnlich gut informiert und staufisch gesinnt ist die annalistische ‚Kölner Königschronik', um 1175 angelegt, später mehrfach fortgesetzt, nach vor- und rückwärts verlängert. Doch der staufisch-welfische Thronstreit ließ diese Annalistik zumeist endgültig verkümmern. Die alten Klöster lagen seitdem abseits vom geschichtlichen Leben. Die neuen Bettelorden behandelten in Lehrbüchern und Predigten die Geschichte anders als klösterliche Annalisten; nur ausnahmsweise schreibt ein Kolmarer Dominikaner bis ans Ende des 13. Jahrhunderts Annalen voller kurioser Nachrichten mit einer Beschreibung Deutschlands und des Elsaß[6]. Auch die jungen deutschen Städte nahmen selten die annalistische Tradition auf, während in Italien fast jede Stadt im 13. Jahrhundert mehr oder weniger amtlich ihre Annalen schreiben ließ, bis den Humanisten die anonyme, unpersönliche Annalistik verächtlich wurde. In Deutschland war ihre große Zeit schon im Spätmittelalter vorüber.

e) Vitae (Biographie und Legende)

§ 6

Biographische Darstellung war in der Antike[1] vornehmlich Dichtern und Philosophen zuteil geworden. Erst Plutarch und Sueton übertrugen sie so wirksam auf Männer des politischen Lebens, daß seitdem die Darstellung der Geschichte in Reihen von Herrscherbiographien die alten Formen der Historien und Annalen, wie sie noch Tacitus schrieb, nicht nur ergänzte, sondern fast verdrängte und ablöste. Im Mittelalter hat sich diese Darstellungsform zunächst nicht fortgesetzt. Suetons Kaiserviten wurden zwar zum Vorbild für Einhards Karls-Vita, ohne damit aber eine nachhaltige Tradition weltlicher Biographik zu begründen.

Weit wirksamer erwies sich die eigenständige christliche Überlieferung der Märtyrer-Passionen, Apostelakten und Heiligenleben[2]. In der frühen Kirche aus religiösem Erlebnis und kultischem Bedürfnis erwachsen, bildeten sie bald eigene literarische Konventionen aus, zusammengewoben aus Motiven der Bibel, des antiken Romans und der frommen Wundersucht. Was in dieser Art durch das ganze Mittelalter fortlebte in immer neuen ausschmückenden und übersteigernden Bearbeitungen und Nachbildungen in Prosa und Vers, erhebt keine historiographischen Ansprüche, sondern gehört zur Erzählungsliteratur, dient dem liturgischen Heiligenkult, der Erbauung und Unterhaltung. Von früh an wurde dieser Lesestoff oft gesammelt (z. B. *Vitae patrum* des Rufinus, † 410), am vollständigsten und erfolgreichsten von dem Genueser Dominikaner Jacobus von Voragine in der *Legenda aurea* um 1260/70.

Die biographische Kunst der Spätantike und die fromme Absicht christlicher Legenden konnte sich vereinigen in der Darstellung neuer Heiliger, die den Zeitgenossen als geschichtliche Gestalten vor Augen standen. Schon Hieronymus gab dafür Vorbilder, mehr noch sein gallischer Zeitgenosse Sulpicius Severus mit seiner Vita des heiligen Martin, zu dessen Mönchsgemeinschaft er gehörte. Literarisch hochgebildet, konnte er als Augenzeuge ein Heiligenleben mit seinen Wundertaten eindrucksvoll darstellen (ergänzt durch zwei Bücher Dialoge). Keine andere Vita ist im Mittelalter so viel gelesen, so oft nachgeahmt worden. Ein Jahrhundert später (511) wurde auch das Wirken des heiligen Severin in der Donauprovinz Noricum, als sie den eindringenden Germanen erlag, von seinem Schüler Eugippius, der dem römischen Bildungskreis um Cassiodor nahestand, in einem ehrlich-schlichten *Commemoratorium* geschildert.

Diese auch historisch wertvollen Beispiele spätantiker Hagiographie blieben im merowingischen Frankenreich nicht ganz ohne Nachfolge[3]. Manche Bischöfe des 6. und 7. Jahrhunderts fanden dort zeitgenössische Biographen. Die Flut legendärer Heiligenviten aber, die damals einsetzt, schwelgt in Mirakeln, häuft das Unnatürliche und Unwahrscheinliche, bedient sich übertreibend und einander überbietend immer der gleichen beliebten Motive (oft orientalischer Herkunft), erdichtet und fingiert, nicht immer naiv, was nicht überliefert war, und stellt die Zeitlichkeit ihrer Helden höchstens als dunkle Folie ihrer Heiligkeit dar. Jedes Bistum, jedes Kloster beanspruchte oder erfand sich einen möglichst alten, möglichst wirksamen Heiligen als Gründer oder Patron. Gerade wo historische Erinnerungen fehlten, war der Phantasie keine Schranke gesetzt. Oft umgearbeitet und dem Zeitgeschmack angepaßt, sind diese Legenden zumeist historisch trügerisch, wenn man nicht eben den weltflüchtig frommen Irrealismus einer wirren, harten Zeit daran abliest, bisweilen auch ihren literarischen Ehrgeiz. Schon Bischof Gregor von Tours schrieb neben seiner Frankengeschichte ein hagiographisches Sammelwerk voller Wundergeschichten, die mehr noch nach dem Tod als im Leben der Märtyrer und Bekenner geschehen, zum Teil von ihm miterlebt sein sollen. Sein Zeitgenosse Venantius Fortunatus, der gebildete Italiener am Hof des Frankenkönigs Sigibert I., später Bischof von Poitiers, wandte seine elegante Stil- und Verskunst an manche Heiligenviten, am redlichsten in der Verherrlichung der thüringischen Königstochter Radegunde († 587), die durch ihr Unglück am Merowingerhof zur Heiligen wurde und Venantius selbst zum Eintritt in den geistlichen Stand bestimmte. Stärker als sein literarisches Beispiel wirkte bald, solcher Bildung abgeneigt und nur auf moralisierende Erbauung bedacht, Papst Gregor I. († 604) mit seinen „Dialogen über Leben und Wunder der italienischen Väter" (darunter im zweiten Buch die Vita des Mönchsvaters Benedikt von Nursia). Im ganzen Mittelalter

gaben ihre oft trivialen, abergläubischen Mirakel die Tonart an für zahllose Legenden.
Neuen Gehalt gab der Hagiographie erst die irische, dann die angelsächsische Mission im Frankenreich. Das Leben Columbans, des Führers der Iroschotten († 615), und einiger seiner Schüler hat in dem von ihm gegründeten Kloster Bobbio um 642 der Mönch Jonas von Susa beschrieben, der ihn nicht mehr selbst kannte, dessen literarische Kunst aber auch für andere Heilige in Anspruch genommen wurde. Columbans Gefährte Gallus[4], aus dessen Zelle das Kloster St. Gallen erwuchs, und andere Glaubensboten in Süddeutschland, wie Kilian in Würzburg, Emmeram in Regensburg, Corbinian in Freising, Rupert in Salzburg, Pirmin auf der Reichenau, mußten länger auf ihre Biographen warten, die dann nicht mehr viel von ihnen wußten, um so mehr erdichten konnten. Wieviel Eigenes auch dabei als Zeugnis mehr für die Geistesart des Hagiographen als des Heiligen sichtbar werden kann, zeigte sich bei eindringlicher Prüfung an den Corbinian- und Emmeram-Legenden des Bischofs Arbeo von Freising (765/83)[5], des „ersten deutschen Schriftstellers", der — auch mit seinem Abrogans-Glossar — vermittelnd im Schnittpunkt langobardischer und fränkischer, irischer und angelsächsischer Einwirkungen auf Bayern steht.
Wahrhaft bahnbrechend wirkten jedoch erst die Angelsachsen, die mit ihrem Glaubenseifer auch einen kräftigen Bildungswillen aus Bedas Schule aufs Festland brachten. Wie Beda die Cuthbert-Vita, schrieb Alcuin zweimal, in Prosa und in Versen, das Leben Willibrords, des ersten Friesenapostels († 738), der das Missionszentrum Utrecht gründete, für die Mönche seiner Grabstätte Echternach. Vorher schon bekam sein großer Schüler Winfrid-Bonifatius gleich nach seinem Märtyrertod (754) eine Lebensbeschreibung durch seinen Landsmann Willibald, den in Mainz der Bonifaz-Nachfolger Lull dazu beauftragte — keine Wundergeschichte, sondern eine Biographie. Ihre sprachlichen und sachlichen Mängel suchten mehrere spätere Bearbeiter zu bessern, bis schließlich die Fuldaer Mönche um 1065 auch den erhaltenen Bonifaz-Briefwechsel durch den Regensburger Mönch Otloh von S. Emmeram gewissenhaft einarbeiten ließen[6]. Schon die erste Bonifaz-Vita regte bald ähnliche Versuche an. So erzählt in Anlehnung daran die angelsächsische Nonne Huge-

burg im Kloster Heidenheim von dessen ihr verwandtem Gründer Wynnebald († 761) und seinem damals noch lebenden Bruder Willibald († 787), den Bonifaz zum Eichstätter Bischof geweiht hatte[6a]. Auch der Friese Liudger, erster Bischof von Münster und Gründer des Klosters Werden († 809), schrieb in Kenntnis der Bonifaz-Vita und der Willibrord-Vita Alcuins, bei dem er in York gelernt hatte, das Leben des Utrechter Abtes Gregor († 775), der ihn als Leiter der Klosterschule nach Bonifaz für die Mission ausgebildet hatte. Liudger selbst bekam eine Biographie von seinem Neffen Altfried, dem dritten Bischof von Münster (839/49)[7]. Daran schloß sich die Vita des Angelsachsen Lebuin an, der die Sachsen auf ihrer Stammesversammlung in Marklo zu bekehren versucht hatte.

Schon hier sieht man, wie diese Vitenliteratur kettenartig neue Glieder ansetzt; deutlicher noch im Kloster Fulda, das Bonifaz 744 gründete: Das Leben des ersten Abtes Sturmi († 779) wurde mehr als Klostergeschichte denn als Heiligenlegende von seinem bayerischen Landsmann und dritten Nachfolger Eigil († 822) dargestellt, der mit Einhard befreundet war[8], Eigils Leben auf Wunsch seines Nachfolgers Hrabanus Maurus von einem Mönch Brun-Candidus, der bei Einhard lernte und auch dem zweiten Fuldaer Abt eine (verlorene) Biographie widmete. Der Mönch Rudolf, der nach Hraban, als dieser Abt wurde, die Klosterschule leitete, schilderte 836 das fromme Leben der mit Bonifaz verwandten Lioba, der ersten Äbtissin von Tauberbischofsheim, die in Fulda begraben lag. Derselbe Rudolf, der auch an den Fuldaer Annalen (s. o. § 5) beteiligt war und die „Wunder der Heiligen" erzählte, deren Reliquien sein Kloster erwarb, berichtet über die von Herzog Widukinds Enkeln veranlaßte Translation der S. Alexander-Gebeine nach Wildeshausen und benutzt dabei die im Mittelalter sonst kaum beachtete Germania des Tacitus für die Schilderung altsächsischer Zustände. Aus Fulda kam wohl auch der Biograph der Klausnerin Liutbirg in Wendhausen (Thale am Harz), die nicht als Heilige verehrt und dennoch einer *legenda* für würdig befunden wurde; ihr Bild steht vor dem Hintergrund sächsischer Adelsgeschichte[9].

Eine ähnliche Vitentradition wie in Fulda bildete sich im Kloster Korvei, das 822 vom pikardischen Corbie aus gegründet wurde. Dort verfaßte der theologisch gelehrte Abt Paschasius

Radbertus als rhetorische Totenklagen die Viten seiner Vorgänger Adalhard († 826) und Wala († 836), der aus dem politischen Leben ausgeschiedenen Vettern Karls d. Gr., die Korvei gründeten. Dessen Anfänge werden – wie die Fuldas in der Sturmi-Vita – auch im Bericht über die Translation der Veit-Reliquien nach Korvei (836) von einem Augenzeugen erzählt. Mit den ersten Mönchen aus Corbie kam Ansgar nach Korvei und wirkte dort als Lehrer, ehe er als Missionar zu den Dänen und Schweden ging und 831 Erzbischof von Hamburg-Bremen wurde. Er zeichnete 860 die Wunder am Grabe seines ersten Bremer Vorgängers auf, des Angelsachsen Willehad († 789), dessen Vita um 850 in Echternach geschrieben wurde (nach dem Muster der Willibrord-Vita des mit Willehad verwandten Alcuin) [10]. Ansgars eigenes tatenreiches Leben wurde von seinem Schüler und Bremer Nachfolger Rimbert († 888) gleichfalls in Korvei dargestellt, und auch Rimberts Vita schrieb dann ein Korveier Mönch. Ein anderer namens Agius verfaßte eine ergreifende Gedächtnisschrift und Totenklage auf die erste Gandersheimer Äbtissin Hathumod († 874), die Tochter des Klostergründers Liudolf, des Stammvaters der Ottonen. Die Schrift klingt in einen metrischen Wechselgesang aus wie die Adalhard-Vita des Paschasius Radbertus.

Immer sind es Männer der Kirche und des Klosters oder fromme Frauen, denen diese biographischen Darstellungen zuteil wurden, und Mönche sind ihre Verfasser. Aber sie dienen nicht nur der religiösen Verehrung exemplarischer Persönlichkeiten, sondern spiegeln zugleich getreulich die geschichtliche Wirklichkeit, in der sie lebten. Sie schwelgen nicht in Wunderberichten wie frühere und spätere Legenden, sondern beschränken sich bewußt auf das Erlebte und Bezeugte. Zwar wurden auch damals noch manchen alten Heiligen neue Legenden angedichtet, vornehmlich um Apostelschüler, möglichst Petrusschüler, als Gründer fränkischer Bistümer in Anspruch zu nehmen; und in den sich häufenden Berichten über Heiligen-Translationen wimmelt es von beliebten Wundern. Im ganzen aber tritt in der Karolingerzeit das Fingierte und Wunderbare zurück hinter das echte Bild geschichtlicher Persönlichkeiten. Selbst wenn Einhard von der Beschaffung römischer Reliquien für sein Kloster Seligenstadt berichtet, überwiegt die spannend erzählte Zeitgeschichte die unvermeidlichen Wundergeschichten.

Einhard aber, der Laie, ist der einzige, der sich auch an die biographische Darstellung eines Laien wagte, des Kaisers selbst. Auch er hat in Fulda gelernt; er kannte zweifellos manche jener Viten, las dort aber auch Suetons Kaiser-Biographien. Das hat ihn ermutigt, diese Kunst an ein Herrscherbild zu wenden, das sogar für viele Einzelzüge Suetons Worte benutzt. Trotzdem ist die Gestalt Karls des Großen weder antikisch noch kirchlich übermalt, sondern mit geschärften Augen, mit Liebe und Bewunderung in seiner fränkischen Kraft und Eigenart, in seiner Herrschergröße und menschlichen Reife gesehen, wie ihn Einhard kannte und den Zeitgenossen Ludwigs des Frommen mahnend darstellen wollte. Am antiken Muster gewann Einhard die Form, die Distanz und den Maßstab, um erstmals ein weltliches Lebens- und Wesensbild neben die kirchlichen zu stellen [11]. Doch das blieb eine Ausnahme. Schon die beiden Biographen Ludwigs des Frommen, der Trierer Chorbischof Thegan und ein anonymer „Astronomus", blieben weit hinter Einhards Vorbild zurück, verstrickten sich in den politischen Zeitwirren und verloren den Atem. Spätere Karolinger fanden keine Biographen mehr; und der Reichszerfall erstickte auch die kirchliche Biographik.

Sie lebt erst in der Spätzeit Ottos I. wieder auf, als sein Bruder Brun, Erzbischof von Köln und Herzog von Lothringen, bald nach seinem Tod (965) von dem Kölner Mönch Ruotger, der aus Korvei kam, als Verkörperung der Einheit von Regnum und Sacerdotium in seinem beispielhaften Wirken für Reich und Kirche dargestellt wurde, nicht als wundertätiger Heiliger [12]. Auch die Vita seiner Mutter Mathilde († 968), der frommen Gemahlin Heinrichs I., läßt ausdrücklich die „äußeren Wunderzeichen" hinter die „inneren Tugenden" zurücktreten. Auf Wunsch Ottos II. in dem von Mathilde gegründeten Nonnenkloster Nordhausen geschrieben, lehnt sie sich unselbständig an die Martins- und Radegunde-Viten an. Heinrich II. ließ sie umarbeiten, um Mathildes Vorliebe für ihren jüngeren Sohn Heinrich, seinen Großvater, hervorzuheben und damit sein eigenes Thronrecht zu sanktionieren [13]. Aus anderen Gründen wurde die Vita des Bischofs Ulrich von Augsburg († 973), des tapferen

Ungarnbekämpfers, mehrfach umgeformt, bald nachdem sie der ihm vertraute Augsburger Dompropst Gerhard geschrieben hatte: Sie erwirkte zwar Ulrichs Heiligsprechung durch den Papst, schien dann aber für den kultischen Gebrauch allzuviel verwirrende „Kriegs- und Reichsgeschichte" zu enthalten und wurde legendär umgefärbt. Anderseits sind selbst die mönchischen Reformer und die Bahnbrecher einer asketisch-missionarischen Frömmigkeit um die Jahrtausendwende von ihren Zeitgenossen ganz lebenswahr geschildert worden [14]. Schon Abt Johann von Gorze († 974), der Führer der lothringischen Klosterreform, der auch als Gesandter Ottos I. zum Kalifen nach Cordova ging, bekam von seinem gleichnamigen Freund, dem Abt von St. Arnulf in Metz, eine höchst anschauliche, leider unvollendete Biographie geschrieben, wohl die individuellste der Ottonenzeit. Der Freund Ottos III. und Preußenmissionar Adalbert von Prag erhielt gleich nach seinem Märtyrertod (997) eine zuverlässige Vita von seinem römischen Klostergefährten Johannes Canaparius und wenig später von dem ihm gesinnungsverwandten Brun von Querfurt, der auch über seine Missionsgefährten eine *Vita quinque fratrum* schrieb und 1009 selbst zum Märtyrer wurde. Vollends unlegendär ist die Vita des kunstsinnigen Bischofs Bernward von Hildesheim (993–1022), des Erziehers Ottos III., die noch zu seinen Lebzeiten sein einstiger Lehrer Thangmar verfaßte. Ebenso fand sein Nachfolger Godehard noch vor seinem Tod (1038) seinen Biographen Wolfhere. Da hat sich diese biographische Kunst ganz vom Heiligenkult gelöst. Sogar eine Vita Heinrichs II. begann noch unter seiner Herrschaft Bischof Adelbold von Utrecht zu schreiben, ohne sie zu vollenden; erst bei seiner Heiligsprechung (1146) bekam der Kaiser eine fromme Legende wie später auch seine Gemahlin Kunigunde (1200). Eingebürgert hat sich die Darstellung der Kaiserviten auch damals nicht. Wipos *Gesta Chuonradi* gehören in eine andere Gattung (s. u. § 7). Nur Heinrich IV. wurde, als er im Bann und im Kampf mit seinem Sohn und der Fürstenopposition 1106 starb, in einer Vita von einem treuen Anhänger, der sich nicht zu nennen wagte (Bischof Erlung von Würzburg?), ergreifend beklagt und redlich gerechtfertigt, mehr noch gegenüber seinen fürstlichen als den kirchlichen Gegnern [15]. Kaum eine andere Vita des Mittelalters verrät trotz aller

Rhetorik soviel persönliches und politisches Verständnis für ein tragisches Schicksal. Aber das ungewöhnliche Werk blieb nach dem Wunsch seines Verfassers, der sich damit nicht bloßstellen wollte, ziemlich unbekannt, ist nur in einer Handschrift, wohl dem Original, erhalten. Die meisten Viten gelten den geistlichen Fürsten, in denen sich politisch-staatliches und kirchlich-religiöses Wirken vereint [16]. Besonders drastisch, ja humorvoll zeigt diesen Typus die vom Iburger Abt Norbert geschriebene Vita des Bischofs Benno II. von Osnabrück (1068/88), der sich noch auf der Höhe des Investiturstreits sowohl mit Gregor VII. wie mit Heinrich IV. und seinem Gegenpapst gut zu stellen wußte — „wie es damals wahrhaftig sehr wenigen möglich war" —, um desto besser für sein Bistum sorgen zu können, manchmal mit Mitteln, die in kein Heiligenleben gepaßt hätten. Ähnlich blieb die Gestalt Bischof Meinwerks von Paderborn (1009/36), der gern mit Kaiser Heinrich II. gescherzt, ihm wacker geholfen und sein armes Bistum nach Kräften bereichert hatte, so lebendig im Gedächtnis, daß noch nach vier Menschenaltern seine Vita mitsamt den Urkunden seiner Erwerbungen in dem von ihm gestifteten Kloster Abdinghof aufgezeichnet werden konnte. Selbst Bischof Otto von Bamberg (1102/39) erscheint in drei zeitgenössischen Viten nicht nur als Pommern-Missionar, als tatkräftiger Förderer seines Bistums und eifriger Klostergründer, sondern auch als Helfer Heinrichs IV. beim Speyrer Dombau und in der Kanzlei, in hoher Gunst noch beim letzten Salier und doch auch der römischen Kurie ergeben — „dem Kaiser treu und dem Papst gehorsam" nach dem Ideal der Reichsbischöfe alten Schlages. Doch das war schon ein Bild der Vergangenheit in einer Zeit, als neue Ordensgründer wie Bernhard von Clairvaux und Norbert von Xanten das religiöse Leben beherrschten. Um als Unterlage für die Kanonisation Ottos von Bamberg (1189) zu dienen, mußte seine zuverlässigste Vita, die der Michelsberger Mönch Ebo um 1155 schrieb, erst ins Erbauliche entpolitisiert werden. Auch die Viten Norberts, der den Prämonstratenserorden gründete und Erzbischof von Magdeburg wurde, und seines ersten deutschen Gefolgsmannes Gottfried von Cappenberg zeigen freilich noch keine weltflüchtigen Wundertäter, sondern asketische Tatmenschen in ihrer politischen Umwelt. Vollends der Erzbischof Albero von Trier (1132/52), der dem ersten Staufer Konrad III. zum Thron verhalf, ist für seinen Biographen Balderich, der ihn gut kannte, geradezu ein Sonderling in seinem herausfordernd weltlichen Gehaben mit kirchlicher Verbrämung und päpstlicher Gesinnung, bewußt „anders als die andern".

Dieser Typus und seine Vita-Darstellung hat aber den Investiturstreit nicht lange überdauert. Die in ihm verkörperte Einheit von Reich und Kirche brach auseinander. Für polemische Auseinandersetzungen war die Vitae-Gattung nicht geeignet. Mönchische Reformer wie Poppo von Stablo († 1048) oder Wilhelm von Hirsau († 1091) konnten den Zeitgenossen noch einer geschichtlichen Darstellung ihres Lebens und Wirkens wert erscheinen; einseitige Gregorianer haben dagegen merkwürdig selten einen guten Biographen gefunden, es sei denn im Legendenton. Sogar Gregor VII. selbst bekam erst ein halbes Jahrhundert nach seinem Tod eine umfangreiche apologetische Vita (von Paul von Bernried), Urban II. nie (außer im *Liber pontificalis*, s. u. § 7). Andererseits waren die großen Reichsbischöfe der Stauferzeit wie Rainald von Dassel, Wichmann von Magdeburg, Christian von Mainz, Philipp von Heinsberg und ihresgleichen zu tief in den politischen Kampf verstrickt, um einer Vita aus geistlicher Feder gewürdigt zu werden. Diese Gattung ist daher seit der Stauferzeit fast erloschen, soweit sie nicht in der Gesta-Darstellung von Bischofs- und Abtreihen weiterlebt (§ 7) oder in die legendäre Wundergeschichte übergeht, wie schon die Vita des Erzbischofs Engelbert von Köln, der als Reichsverweser und Königsvormund 1225 ermordet wurde; der Zisterzienser Caesarius von Heisterbach schrieb sie für seine Mirakelsammlung, verfaßte auch die Vita der Landgräfin Elisabeth von Thüringen als Heiligenlegende.

Erst recht fehlt es in Deutschland an weltlichen Lebensbildern, wie sie in Frankreich der Abt Suger von S. Denis († 1151) für den ihm von Jugend auf vertrauten Kapetinger Ludwig VI. und seinen Sohn schrieb oder Galbert von Brügge für den 1127 ermordeten Grafen Karl von Flandern. Es sind vereinzelte Ausnahmen, wenn die Pegauer Annalen um 1180 zu Anfang ganz realistisch die Vita des Klostergründers Wiprecht von Groitzsch erzählen, oder wenn eine Vita des Landgrafen Ludwig IV. von Thüringen, des Gemahls der hl. Elisabeth, der 1227 als Kreuzfahrer starb, — wahrscheinlich von seinem Kaplan verfaßt — in die Reinhardsbrunner Klostergeschichte einging. Vollends einzigartig hat Kaiser Karl IV., als wollte er diesen Mangel biographischer Tradition beheben, seine eigene Lebensgeschichte bis zur Königswahl selbst lateinisch dargestellt[17]. Er war dabei gewiß noch nicht berührt von dem autobiographischen Interesse, das sich bei Petrarca und anderen Humanisten an Augustins Confessionen entzündete, noch weniger von dem Selbstbeobachtungsdrang mancher deutscher Mystiker seiner Zeit — wie etwa Seuses Leben, sein inneres Leben, nach seinen Gesprächen von seiner Seelenfreundin Elsbeth Stagel aufgezeichnet wurde. Auch vorher fehlt es zwar nicht ganz an selbstbiographischen Versuchen[18]. Der unstete Bischof Rather von Verona und Lüttich († 974) hatte sich in zahlreichen Schriften rastlos mit sich selbst beschäftigt; der Regensburger Mönch Otloh von S. Emmeram († nach 1070) schrieb ein „Buch über seine Versuchungen" und zugleich über seine zahlreichen Schriften, in denen er auch sonst gern von sich sprach. In Frankreich hatte Abaelard selbstgefällig-zerknirscht die Geschichte seiner Mißgeschicke dargestellt und der Abt Guibert von Nogent († 1124) *De vita sua* geschrieben; auch ein Abt Markward von Fulda (1150/65) und ein Abt Hermann von Niederalteich (1242/73) schilderten ihre eigenen Taten, und der getaufte Kölner Jude Hermann erzählt als Propst des Prämonstratenserklosters Scheda um 1150 die Geschichte seiner Bekehrung[19]. Daß aber ein Herrscher wie Karl IV. seine eigene Vita als Vorbild für seine Nachkommen wie einen Fürstenspiegel zu schreiben begann, blieb vereinzelt. Als Maximilian I. in einem romantischen Nachklang ritterlicher Dichtung sein Leben im Theuerdank und Weißkunig allegorisch verklären ließ, war das Menschenbild mittelalterlicher Viten-Schreiber bereits durch die andere Persönlichkeits-Auffassung der Humanisten abgelöst.

f) Gesta

§ 7

Während Märtyrer- und Heiligenviten von früh an oft zu großen Sammlungen ohne chronologische Ordnung vereint wurden, hat sich die spätantike Form der Geschichtsschreibung in fortlaufenden Herrscherviten im Mittelalter nicht fortgesetzt oder wiederbelebt. Wohl aber tritt neben die Einzelvita eine andere Darstellungsform, meist unter dem Titel Gesta, die biographische Momente in einen sachlichen Zusammenhang einfügt, Bistums- oder Klostergeschichte entlang der Bischofs- oder Abtreihe verfolgt und ähnlich auch auf andere geschichtliche Bereiche — Kreuzzüge, Reichs-, Landes- oder Stadtgeschichte — übertragbar war. Diese Gesta-Darstellung als eine eigenartige, spezifisch mittelalterliche Gattung der Historiographie hat noch nicht genug Beachtung gefunden. Das im klassischen Latein ungebräuchliche Wort *gesta* (statt *res gestae*), in der Karolingerzeit sogar gelegentlich als Feminin-Singular gebraucht (wie es sich im Französischen einbürgerte, vgl. *chanson de geste*) — entsprechend dem späteren Gebrauch von *Chronica* (und *Biblia!*) als Singular —, ist im frühen Mittelalter die häufigste Bezeichnung für Geschichte überhaupt, wird dann aber meist für eine bestimmte Darstellungsform verwendet, die erzählerisch die Tatenberichte über Menschen, die einander in einem Amt folgten, aneinanderreiht, manchmal auch ein Einzelglied herauslöst, ohne es doch biographisch zur Vita abzurunden. Fingierte Reden und eingeschaltete Dokumente sind dabei beliebt. Oft greifen solche Gesta-Verfasser weit zurück oder holen bei der Fortsetzung lange unterbrochener Werke vieles nach; mit Vorliebe verweilen sie aber bei der eigenen Zeit.

Vorbildlich wurde für diese Darstellungsform der *Liber pontificalis,* in dem nach älteren Vorlagen seit dem 6./7. Jahrhundert fortlaufend in die Papstliste von Petrus an kurze, zunehmend ausführlichere Notizen über die *gesta pontificalia* jedes Papstes eingefügt wurden (zunächst bis 891, dann erst im 12. Jahrhundert weitergeführt[1]). Dieses Werk, das bald in den Gesta der Bischöfe von Ravenna und Neapel konkurrierend nachgeahmt wurde, kannte der Langobarde Paulus Diaconus, als er während seines Aufenthalts am fränkischen Hof um 784, vom Bischof Angilbert von Metz veranlaßt, die *Gesta episcoporum Mettensium* schrieb, die zugleich dem Karolinger-Ahnherrn Arnulf von Metz und manchen seiner Nachkommen ein Denkmal setzten. Sie wurden später mehrfach, bis ins 13. Jahrhundert, fortgesetzt und zum Vorbild für viele andere Bistumsgeschichten. Gleichfalls nach dem Muster des *Liber pontificalis* wurde um

833 in S. Wandrille (Normandie), wo auch Einhard eine Zeitlang Abt war, die erste Klostergeschichte geschrieben, die *Gesta abbatum Fontanellensium*[2]. Auch sie stehen in Beziehung zum Karolingerhaus; denn der Klostergründer Wandregisel war ein Bruder des ältesten Pippin. Schon hier sind wie später in zahlreichen Klostergeschichten die Erwerbungen und Stiftungen der Äbte an Gütern, Gerät und Büchern verzeichnet zur Sicherung der klösterlichen Besitzansprüche. Ähnlich begann fünfzig Jahre später der St. Gallener Mönch Ratpert die *Casus S. Galli,* um die angeblich uralte Verbindung seines Klosters mit dem fränkischen Königshaus gegen den Konstanzer Bischof zu verfechten. Als nach anderthalb Jahrhunderten, um 1050, Ekkehart IV. erzählfreudig und anekdotenkundig diese *Casus S. Galli* bis 972 fortsetzte, blickte er bereits unter dem Druck der kluniazensischen Reform verklärend auf die gute alte Zeit der Klosterkultur zurück, als eine Fülle markanter Gestalten nicht immer ganz regelgemäß, aber schöpferisch tätig im Kloster lebten[3].

In dieser Zeit der Ottonen und Salier entstanden auch anderwärts wertvolle Bistums- und Klostergeschichten, besonders im altfränkisch-niederrheinischen Gebiet, wo die vom Erzbischof Brun von Köln ausgehenden Bildungbestrebungen unmittelbar an karolingische Traditionen anknüpfen und eine weitreichende literarische Wirkung entfalten konnten. Der Reimser Archivar Flodoard war mit einer dem Erzbischof von Trier gewidmeten Geschichte seines Bistums (bis 948) vorangegangen. Ihm folgt der deutsche Lothringer Folkwin, der um 961 die Gesta der Äbte von St. Bertin in St. Omer seit der Merowingerzeit bis in seine Gegenwart schrieb und zwanzig Jahre später ebenso die Gesta der Äbte von Laubach (Lobbes) im Hennegau, dessen Abt er 965 wurde. Er kannte Ruotgers Brun-Vita, ebenso sein Nachfolger Heriger, der die Gesta der Bischöfe von Tongern-Utrecht-Lüttich begann – Kloster Laubach war mit Lüttich eng verbunden; sein Schüler Wazo ließ als Lütticher Bischof (1042/8) diese Gesta durch den Laubacher Mönch Anselm aus Köln sachkundig und sprachgewandt als *bene vivendi exemplum* fortsetzen mit einer Widmung an Erzbischof Anno von Köln. Von gleich hohem Wert auch für die Reichsgeschichte, reich an urkundlichen Zeugnissen, sind die anonymen Gesta des westlichsten Reichsbistums Cambrai (um 1041/3) und die Gesta der

Äbte von Gembloux, die der Weltchronist Sigebert (s.o. § 4) vor seinem größeren Werk begann, sein Schüler Gottschalk bis 1136 fortsetzte. Auch der Abt Rudolf von St. Truiden (St. Trond nw. Lüttich im Limburgischen) widmete um 1114/5 seinen Nachfolgern die Gesta seines Klosters, die dann durch Jahrhunderte fortgeführt wurden; und ähnlich schrieb der Mönch Lambert im Ardennenkloster St. Hubert mit der Klostergeschichte zugleich Zeitgeschichte, mit weitem Horizont und unbefangenem Blick. Es sind Meisterwerke mittelalterlicher Geschichtsschreibung, „wohl dem am nächsten, was wir heute von einem Geschichtswerk verlangen"[4]. Bald bekamen auch Bistümer wie Toul und Verdun ihre Gesta; und um 1100 wurde in Trier die ältere Überlieferung zusammengefaßt zu den *Gesta Treverorum*[4a], die zum ersten Male Bistums- und Stadtgeschichte seltsam und fabelreich verbinden, um für Trier das höchste Alter aller Städte Europas in Anspruch zu nehmen – gegründet von Trebata, dem Sohn des ersten Assyrerkönigs Ninus, der vor seiner Stiefmutter Semiramis floh! – und für sein Bistum die Gründung durch einen Petrus-Schüler, daher Vorrang vor allen Kirchen als zweites Rom! Wenn andere Bistümer und Klöster in ihren Gesta zugleich ihre Rechte verfochten und durch eingerückte Urkunden sicherten, so wird das hier tendenziös auf die Spitze getrieben. Aber die Fabeln gefielen, und bis ins Spätmittelalter ist mit der Fortsetzung der Bischofsreihe unablässig daran weitergesponnen worden.

Inzwischen hatte sich auch im östlichen Deutschland diese Darstellungsform eingebürgert und bedeutende Werke gezeitigt. An der Spitze steht die 1018 vollendete ‚Chronik' des Bischofs Thietmar von Merseburg. Trotz ihres Titels will sie die Geschichte Merseburgs und seiner Bischöfe darstellen von der Gründung durch Otto I. über die Aufhebung durch Otto II. bis zur Wiederherstellung durch Heinrich II. Schon infolge dieser bewegten Schicksale seines jungen Bistums geht Thietmars Darstellung immer auch auf die ottonische Reichsgeschichte ein, anfangs in engem Anschluß an Widukinds Sachsengeschichte; zudem hatte seine Verwandtschaft aus sächsischem Adel starken Anteil an den Slavenkämpfen seit Otto I., Thietmar selbst an den Polenkriegen Heinrichs II. Er ist der beste Zeuge dieser Vorgänge und Zustände an der Ostgrenze. Aber er beobachtet

immer zugleich sich selbst in seinem Zwiespalt zwischen mönchischer Gesinnung und kirchenfürstlicher Politik, und seine Chronik wird bei aller sachlichen Interessiertheit manchmal zum grübelnden Bekenntnis[5]. Trotzdem hat sie zu der üblichen Gesta-Darstellung der Bischöfe von Halberstadt und Magdeburg angeregt, die allerdings erst im 12. Jahrhundert entstanden.
Unabhängig von Thietmar, andersartig aber ebenbürtig sind die *Gesta pontificum Hammaburgensis sive Bremensis ecclesiae* 1074 von dem Bremer Domscholaster Adam geschrieben[6], der aus Süddeutschland stammte, sich im Norden stets fremd fühlte, um so schärfer aber dort beobachtete. Er ließ sich vom Dänenkönig Sven Estridsen die noch nie aufgezeichnete Geschichte der nordischen Völker erzählen und gibt danach — ein „Tacitus des Nordens" — im 4. Buch seiner Hamburgischen Kirchengeschichte erstmals reiche Kunde über die bisher kaum bekannten Nordländer von Island und Grönland über Skandinavien bis Finnland und zum Baltenmeer. Denn so weit reichte der Patriarchatsanspruch des großen Erzbischofs Adalbert von Bremen († 1072), dessen mächtige Gestalt, nach der Reihe seiner Vorgänger, das 3. Buch von Adams Werk füllt. Ihn sah er bewundernd und beklagend in seinen Vorzügen und Schwächen, im Glück seiner Macht und im Elend seines Falls, verschwenderisch-großzügig, als er Reichsregent war und den jungen König Heinrich IV. erzog und verwöhnte, launisch und sonderlich, als er in Selbstüberhebung am härteren Willen seines Gegenspielers Anno von Köln zerbrach und stürzte: das eindrucksvollste Bild einer ungewöhnlichen Persönlichkeit in dieser Zeit, eingeordnet in die Geschichte seines Erzbistums.
Sie ist geschrieben, kurz ehe der Investiturstreit ausbrach. Auch danach werden in Deutschland noch Bistums- und Kloster-Gesta geschrieben und fortgesetzt. Aber sie verlieren an Kraft und Eigenart gleich den späteren Viten. Sie reihen die Figuren meist ziemlich einförmig aneinander wie die Standbilder an gotischen Portalen. Selbst eine so eigenwillige Gestalt wie der Ordensstifter Norbert von Xanten wird als Erzbischof von Magdeburg eingeebnet in die Gesta, die dort bald nach seinem Tod geschrieben und noch zwei Jahrhunderte bis 1371 fortgeführt wurden. Dann werden sie bezeichnenderweise abgelöst von der bürgerlichen, volkssprachlichen Magdeburger Schöppenchronik: Nach

dem Gesta-Vorbild schrieb seit 1360 der Stadtschreiber Heinrich von Lammespringe im Auftrage der Schöppen die Geschichte der Stadt (statt des Bistums oder Klosters) von ihren sagenhaften Anfängen her, und seine Nachfolger setzten sie fort bis ans Ende des Mittelalters. Auch die *Casus S. Galli* wurden im 14. Jahrhundert von einem St. Gallener Bürger Christian Kuchimeister auf deutsch weitergeführt. Die mönchisch-klerikale Geschichtsschreibung ging in die bürgerlich-städtische über.

Es hätte nahegelegen, in der Gesta-Form auch die Herrscher- und Staatsgeschichte zu schreiben. Ansätze dazu sind vorhanden. Aber die dürftigen *Gesta regum Francorum* des frühen 8. Jahrhunderts sind nicht weitergediehen. Die *Gesta Karoli Magni* des St. Gallener Mönchs Notker Balbulus von 883 ergänzen nur unchronologisch anekdotenhaft Einhards Karls-Vita (die manchmal selbst als *Gesta Karoli* bezeichnet wird). Erst Konrad II., der erste Salier, fand in seinem Kaplan Wipo einen Darsteller seiner Gesta, der sie auch für den Nachfolger Heinrich III. weiterführen wollte, aber nicht dazu kam. An seinem trefflichen, kernigen Werk, das gleichwohl im Mittelalter wenig beachtet wurde, läßt sich ermessen, was solche Herrschergeschichte außerhalb des Vita-Schemas, mit dem Blick für sachliche Zusammenhänge, hätte leisten können. Aber ein Jahrhundert vergeht, ehe Otto von Freising zehn Jahre nach seiner Weltchronik die *Gesta* Friedrichs I. zu schreiben beginnt, nach einem Rückblick auf die Anfänge des staufischen Hauses den miterlebten Ereignissen dicht folgend, reich an Dokumenten, die die kaiserliche Kanzlei selbst lieferte. Doch schon sechs Jahre nach Barbarossas Königswahl starb sein Oheim Otto; sein Sekretär Rahewin führte das Werk nur noch bis 1160 aus[7]. Nachfolge fand es nicht, ja es wurde bald für lange Zeit fast vergessen – anders als Ottos Chronik –, bis die Humanisten es wieder schätzenlernten.

In Westeuropa war das anders. Da wurden im 12. Jahrhundert manche *Gesta ducum Normannorum* geschrieben und mehrere *Gesta regum Anglorum* oder *Britanniae;* fast jedem englischen König seit Wilhelm dem Eroberer wird eine besondere Darstellung seiner *Gesta* zuteil, zunehmend realistisch und detailliert; und ebenso eingehend wurden die *Gesta* Philipps II. August von Frankreich und seiner Nachfolger geschildert. Als *Gesta* wurden auch die ersten Kreuzzugsgeschichten bezeichnet bis zu den *Gesta Dei per Francos* Guiberts von Nogent mit ihrem national-religiösen Anspruch. Anderseits konnte eine Klostergeschichte, wie sie sich Ordericus Vitalis († nach 1142) im Normandie-Kloster St. Evroul vornahm, durch sein weitgespanntes Interesse für die Normannentaten auch in England und Süditalien und für deren Verhältnis zum Papsttum und zu anderen Mächten sich ausweiten zu einer Darstellung der *Gesta et eventus Normannorum,* ja der *Pontificum regumque gesta,* die der Verfasser schließlich selbst *Historia ecclesiastica* nannte[8]. Eine eigene Gattung der „Kirchengeschichte" hatte sich vorher im Mittelalter nicht entwickelt[9], trotz des Vorbilds von Eusebius, das man in der Rufinus-Übersetzung immer kannte. Zu dessen Ergänzung hatte man sich mit den Auszügen aus griechisch-byzantinischen Historikern begnügt, die Cassiodor und später Anastasius Bibliothecarius (um 879) zu einer *Historia ecclesiastica* zusammengestellt hatten. Erst seit der Scheidung von Sacerdotium und Regnum im Investiturstreit wurde die Gesamtkirche zu einem eigenen Thema der Geschichtsschreibung. Schon vor Ordericus verfaßte der Benediktiner Hugo von Fleury neben mehreren Darstellungen der fränkisch-französischen Königsgeschichte um 1110 eine *Historia ecclesiastica* (bis ins 9. Jahrhundert reichend). 1164 stellte Johann von Salisbury, der in Frankreich gebildete Engländer, die Geschichte Papst Eugens III., über die er in Rom viel erfahren hatte, als *Historia Pontificalis* dar. Auch dann noch blieben Kirchen- und Papsttums-Geschichten vereinzelt: erst der Dominikaner Tolomeo von Lucca schrieb nach seinen Annalen um 1315 wieder eine umfassende *Historia ecclesiastica,* die von Heinrich Truchseß von Dießenhofen als *Chronica* bis 1361 fortgesetzt, aber nirgends sonst nachgeahmt wurde.

In Deutschland wurde neben den Weltchroniken im Mittelalter keine „Kirchengeschichte" geschrieben. Aber auch das deutsche Königtum wechselnder Dynastien war wohl zu unstet wie die Reichsgeschichte überhaupt, um fortlaufend monographisch behandelt zu werden. Versuchte es für die ersten Habsburger ein Straßburger Notar Gottfried von Ensmingen, von dem Bürgerführer Ellenhard angeregt, mit einer Darstellung der *Gesta Rudolfi et Alberti regum Romanorum,* vielleicht auch Rudolfs

Kanzler Heinrich von Klingenberg, der 1293 Bischof von Konstanz wurde, mit einer *Chronica Habspurgensis*, die verlorenging, so riß der Faden alsbald wieder ab. Statt dessen aber blüht wie ein Spiegelbild der fortschreitenden staatlichen Zergliederung Deutschlands die Landes- und Stadtgeschichte auf.

g) Landes- und Stadtchroniken

§ 8

Bistums- und Klostergeschichten konnten ohne deutliche Grenze in Landes- und Stadt-Chroniken übergehen, wie es sich schon in Trier und Magdeburg zeigte. An Adams Bremer Kirchengeschichte und ihre Länderkunde des Nordens knüpfte der Pfarrer Helmold an, der um 1170 in Bosau am Plöner See seine Slavenchronik schrieb[1]. Er erzählt seinerseits die *Gesta* der ersten Lübecker Bischöfe in ihrem Verhältnis zum Bremer Erzbistum. Doch sein Interesse gilt dem ganzen neubekehrten und kolonisierten Slavenland zwischen Unterelbe und Ostsee, in dem er lebte, und vor allem dem Sachsenherzog Heinrich dem Löwen, den er dort bahnbrechend wirken sah. Neue Erfahrungen und Eindrücke, anschaulich aufgezeichnet, verbinden sich ihm mit mancherlei literarischen Traditionen zu einer eigenen Darstellungsform, die für ähnliche Aufgaben vorbildlich wurde. Ihm folgt der Lübecker Abt Arnold mit einer sachkundigen Fortsetzung der Slavenchronik bis 1209. Inzwischen war von Lübeck aus über Gotland die baltische Küste aufgesegelt, Riga 1201 gegründet, und schon 1225/7 schrieb dort der deutsche Landpfarrer und Missionar Heinrich „der Lette" ein *Chronicon Livoniae*[2]. Erst hundert Jahre später wurde auch im Ordensland Preußen die Geschichte seiner langwierig mühsamen Unterwerfung und Bekehrung in dem *Chronicon terrae Prussiae* des Deutschordenspriesters Peter von Dusburg beschrieben, das bald durch Nikolaus von Jeroschin im Auftrag des Hochmeisters in deutsche Verse umgedichtet wurde. Seitdem reißt die Geschichtsschreibung im Ordensland, seit der Wende zum 15. Jahrhundert auch in deutscher Prosa, nicht mehr ab.

Wie in den neu erschlossenen Ostseeländern setzt aber auch im alten Reichsgebiet, je mehr es sich in Territorialstaaten auflöst, eine neuartige Landesgeschichtsschreibung ein. Ähnlich wie die

Bischofs- und Abtreihen konnten dabei die Fürstengenealogien zum Gerüst historischer Darstellung werden[3]. Das gab es in Ansätzen schon bei den Karolingern, an deren Stammbaum dann die Grafen von Flandern, Brabant, Boulogne und andere ihre Familiengeschichten anschlossen. Auch vor manche deutsche Klostergeschichte wird die Herkunftsgeschichte der Gründerfamilie gesetzt. Die Welfengenealogie aus einem schwäbischen Hauskloster des Geschlechts, nach 1126 aufgezeichnet, wuchs sich um 1170 sogar zu einer selbständigen *Historia Welforum* aus[4]. Sie führte das Geschlecht durch die Übersetzung *catulus* für Welf auf Catilina zurück und darüber hinaus auf die Trojaner; für ihre Gegenwart aber ist sie eine sachkundige Familiengeschichte, noch ohne territoriale Begrenzung. In der nächsten Generation schrieb am Hofe der Grafen von Hennegau ihr Kanzler Gislebert von Mons († 1223/5) *De gestis et genealogia comitum Hanonensium,* und es wurde eine landesgeschichtliche *Cronica Hanoniae* daraus, die die Geschichte des Reiches und anderer Länder insoweit mit einbezieht, als die Wirkung und Verzweigung des Hennegauer Grafenhauses reicht.

So verengt im Blickfeld, aber intensiver auf die Nähe gerichtet, wird die Darstellung der Landesgeschichte neben den allgemeinen Papst-Kaiser-Chroniken für das spätere Mittelalter charakteristisch. Nach der Mitte des 14. Jahrhunderts schrieb der westfälische Rittersohn Levold von Northof, Domherr in Lüttich, heimatstolz und seinen Landesherren dankbar verbunden, die Chronik der Grafen von der Mark, die sie zugleich wie ein Fürstenspiegel zu Gerechtigkeit und Gottesfurcht anhalten soll. Einen jüngeren Fürstentyp, schon mit Renaissance-Zügen, verherrlicht die Chronik des Wittelsbacher Pfalzgrafen Friedrich I. des Siegreichen, geschrieben von seinem Hofkaplan Matthias von Kemnat, Professor der Eloquenz an der Heidelberger Universität († 1476). Am Ende des 15. Jahrhunderts schrieb der ehrbare fränkische Ritter Ludwig von Eyb (1417 bis 1502), neben einem ‚Familienbuch' für seine Nachkommen, die Denkwürdigkeiten der hohenzollernschen Burggrafen von Nürnberg, denen er zeitlebens als Helfer und Ratgeber diente und nun seine historisch-politischen Erfahrungen als gute Lehre hinterließ. Das sind nur besonders bemerkenswerte Beispiele; ähnlich bekam fast jedes größere Territorium seinen Chronisten, manchmal in deutschen Versen wie die Braunschweiger Reimchronik, Jansen Enikels Fürstenbuch oder Ottokars Steirische Reimchronik (s. o. § 2), später auch in deutscher Prosa wie die kulturgeschichtlich farbenreiche Limburger Chronik des kaiserlichen Notars Tileman Elhen von Wolfhagen, (seit 1377 geschrieben), die ‚Düringischen Chroniken' des Eisenacher Domscholasters und Ratsschreibers Johann Rothe († 1434) oder die bis zu Alexander d. Gr. zurückgreifende Hessenchronik Wigand Gerstenbergs (bis 1515). Die meisten Schriften dieser Art sind noch lateinisch, werden aber öfters nachträglich verdeutscht, wie die bayerische Chronik *(De principibus terrae Bavarorum)* des Andreas von Regensburg (um 1422) oder die österreichische Chronik des Wiener Theologieprofessors Thomas Ebendorfer von Haselbach († 1464). Selten hat sich der Blick solcher Territorialhistoriker über ihrer Arbeit noch so unbefangen auf die allgemeine Geschichte ausgeweitet wie im *Liber certarum historiarum* des kärntner Zisterzienserabts Johann von Viktring († 1345?). Von dem humanistischen Vorbild Enea Silvios mit seiner Böhmischen Geschichte (gedruckt 1475) und anderen historisch-geographischen Werken sind Männer wie der Ulmer Dominikaner Felix Fabri in seiner Schwabengeschichte oder Sigismund Meisterlin, Mönch in S. Ulrich und Afra, in seiner Augsburger und Nürnberger Chronik höchstens für die Beobachtung des einzelnen belehrt, durch ihre antikisierenden Kombinationen aber eher verwirrt worden. Erst am Anfang des 16. Jahrhunderts löst sich eine quellenforschende Historiographie deutscher Humanisten wie Johannes Turmeir (Aventinus) und Beatus Rhenanus von den spätmittelalterlichen Traditionen ab.

Diesen Traditionen blieb auch die bürgerlich-städtische Geschichtsschreibung zunächst noch vielfach verhaftet und verpflichtet[5]. Auch sie konnte vom genealogischen Interesse patrizischer Geschlechter ausgehen; so Ulman Stromers ‚Püchel von mein geslechet und von abentewr', das ein gutes Stück Nürnberger Geschichte von 1349 bis 1406 erzählt, auch manche andere „Geschlechtsbücher" oder Burkhard Zinks Augsburger Chronik von 1368–1468, die mit der Schilderung seines eigenen Lebens schließt. Bischofs-Gesta wurden zum Vorbild der Magdeburger Schöppenchronik. Die Martins-Chronik bildet den Grundstock einer Kompilation, die der Straßburger Priester Fritsche Klosener um 1362 auf deutsch in eine Stadtgeschichte ausmünden ließ; zwei Jahrzehnte später wurde sein Werk durch Jakob Twinger von Königshofen († 1420) nach rückwärts zur Weltgeschichte ausgeweitet, nach vorwärts in immer neuer Umarbeitung kenntnisreich und anschaulich mit den bürgerlichen Erfahrungen seiner Gegenwart ergänzt – eine der wirksamsten Leistungen früher städtischer Geschichtsschreibung. Wie Twinger wagten sich auch anderwärts städtische Chronisten oft erst nach lateinischen, kompilatorischen Vorarbeiten an die selbständige, deutsche Darstellung der miterlebten Geschichte, zumal wenn es noch Geistliche waren wie Gerhard Rynesberch und Herbord Schene in Bremen oder der Franziskanerlektor Detmar in Lübeck, dem der Rat 1385 den Auftrag zu seiner deutschen Chronik gab. Als die Zünfte im 14. Jahrhundert in den meisten Städten die Vorherrschaft der patrizischen Gründergeschlechter brachen, wurde oft der Stadtgeschichtsschreibung damit erst ein eigenes, neues Thema gestellt, wenn sie auch zumeist in der Hand von Ratsherren, Stadtschreibern oder Schulmeistern blieb. Schließlich konnte auch aus Handlungsbüchern, Merk-, Haus- und Tagebüchern oder Denkschriften der wirtschaftlich und politisch tätigen Bürger eine eigene Art geschichtlicher Aufzeichnungen erwachsen. Die Anlässe und Formen dieser rasch anschwellenden städtischen Historiographie sind so vielfältig und lokal verschieden, daß eine geordnete Übersicht nicht leicht zu gewinnen ist. Bedeutende literarische Leistungen sind kaum darunter. Der Blick wird eng, auf das nächste gerichtet; aber dabei wird vielfach ein neuer Sinn für das Eigene, Erlebte, Erfahrene spürbar, ein Sinn für das Kleine, den der Augsburger Chronist Wilhelm Rem zu Anfang des 16. Jahrhunderts einmal ausdrücklich damit rechtfertigt, daß „auch klain ding zu wissen ye zu zeytten auch zu nutz und guttem raichen mag". Darin liegt der Reiz und Wert wie die Grenze der bürgerlichen Chronistik des ausgehenden Mittelalters.

h) Lateinische Geschichtsdichtung

§ 9

Die Übersicht über die Gattungen mittelalterlicher Historiographie wäre unvollständig ohne den Hinweis auf die lateinische

Dichtung historischen Gehalts. Sie ist ganz anderer Herkunft als die volkssprachliche Überlieferung in Liedern, ganz schulmäßig statt volkstümlich, gleichwohl zeitweise sehr beliebt und wirksam, nicht ohne Einfluß auf die volkssprachliche Epik, wie ihr umgekehrt wohl die herkömmliche Neigung für gedichtete Geschichte zugute kam. Zugleich zeigt sich darin am deutlichsten die aus der Antike ererbte Verschwisterung von Historiographie, Rhetorik und Poesie (vgl. § 1). Vergils ‚Aeneis' wurde im Mittelalter nicht nur als Dichtung gelesen, sondern als Geschichte, ebenso die ‚Thebais' und ‚Achilleis' des Statius, erst recht die ‚Pharsalia' Lucans. Nach diesen Vorbildern hatte schon um 330 der Spanier Juvencus auch die Evangelien, zwei Jahrhunderte später der Subdiakon Arator in Rom die Apostelgeschichte in Hexameter umgedichtet, um 450 Sedulius eine metrische Messiade verfaßt. Das alles war im Mittelalter Schullektüre und mußte zu eigener Produktion anregen. Man versuchte es zuerst an Heiligenlegenden: Die Martinsvita des Sulpicius Severus wurde schon im 5. Jahrhundert von Paulinus von Périgueux in Verse gesetzt, im 6. nochmals von Venantius Fortunatus, der auch andere Viten dichtete. Die Angelsachsen übernahmen den Brauch, die gleiche Vita in Prosa und Vers zu schreiben, Beda die Cuthbert-Vita, Alcuin das Leben Willibrords. Seitdem wird es zur geläufigen Stilübung lateinlernender Mönche, Heiligenleben zu versifizieren. Das hat selten poetischen, kaum je historiographischen Wert. Seit der Karolingerzeit wird jedoch auch Zeitgeschichte gern in Hexametern dargestellt, erst noch im Anschluß an Prosa-Quellen, dann auch selbständig. Die Dichtungen des aquitanischen Mönches Ermoldus Nigellus auf Ludwig den Frommen lehnen sich an die Reichsannalen an, bringen aber manches aus eigener Erfahrung, freilich schmeichlerisch und eigennützig, zum Preise des Kaisers hinzu. Über die Belagerung von Paris durch die Normannen 885/6 dichtet der Augenzeuge Abbo, Mönch in S. Germain-des-Prés, zum Lob und Dank für seinen Heiligen, der die Stadt und das Kloster errettete, drei Bücher *De bello Parisiaco*. Zur selben Zeit um 890 entsteht als erstes Geschichtswerk in dem seit Karl d. Gr. unterworfenen Sachsen eine Dichtung über Karls Taten, die sich eng an die Reichsannalen und an Einhard hält. Dieser Poeta Saxo, in dem man den Korveier Mönch Agius, den Verfasser der rührenden Hathumod-Vita (s. o. § 5), vermutet hat, hat wenig Quellenwert, bezeugt aber die vollendete Bekehrung der Sachsen zur politischen und literarischen Tradition der Sieger. In Sachsen ist auch später besonders gern und oft Geschichte dichterisch dargestellt worden. Hrotsvith von Gandersheim[1] verherrlicht in Hexametern die Gesta Otto I. und weiß nicht nur über ihn und seine Gemahlin Adelheid manches Eigene zu berichten, sondern deutet auch die Erneuerung des Kaisertums anders, „römischer" als Widukind und andere Zeitgenossen. Auch ihr Epos über die Anfänge Gandersheims gilt zugleich den Vorfahren der Dynastie, die das Kloster 852 gründeten. Eine Klostergeschichte war es wohl auch, was der Annalist Lampert von Hersfeld *heroico metro* dichtete; doch erregte das Werk Anstoß und ging verloren. Unmöglich kann er das *Carmen de bello Saxonico* verfaßt haben; es ist im Gegensatz zu seinen Annalen ganz königlich gesinnt, schildert drastisch in 757 Hexametern den Aufstand der Sachsen gegen Heinrich IV., bald nach dessen Sieg von 1075, kurz vor dem Ausbruch des Investiturstreits, der solcher Dichtung dann nicht günstig war. Nur auf der Gegenseite erhielt die Freundin Gregors VII., die „große Gräfin" Mathilde von Toscana († 1111), eine merkwürdige Darstellung ihres Lebens in holprigen Metren vom Mönch Donizo in dem von ihr gegründeten Kloster Canossa, beachtlich auch durch ihren aufschlußreichen Bilderschmuck[2].

Die große Zeit historischer Dichtung in lateinischer Sprache kam erst im 12. Jahrhundert unter Barbarossa[3], der dazu selbst manche Anregung gab. Der genialste Dichter seiner Zeit, der nach Namen und Herkunft unbekannte Archipoeta, entzog sich zwar dem Auftrag seines Gönners Rainald von Dassel, des Barbarossa-Kanzlers, ein Heldenepos über des Kaisers Taten in Italien zu dichten. Aber andere versuchten die Aufgabe zu lösen, nicht nur ein anonymer Italiener aus Bergamo, auch der elsässische Zisterzienser Gunther von Pairis, der am Hofe Prinzenerzieher war. Sein *Ligurinus* von 1186/7 reicht zwar wie jene *Gesta Frederici* des Bergamasken nur bis 1160 und folgt meist eng dem Prosa-Bericht Ottos von Freising und Rahewins; aber staufische Reichsgesinnung spricht sich hier noch bewußter aus, und die poetische Begabung hat sich so gut an antiken Vorbildern gebildet, daß man den *Ligurinus* — ebenso wie Hrotsviths Dichtungen und das *Carmen de bello Saxonico* – im 19. Jahrhundert für humanistische Fälschungen halten wollte, weil man sie ihrer Zeit nicht zutraute. Weniger dichterisch in ihren mit Prosa vermischten, gereimten Versen eigenen Metrums, historisch unzuverlässiger in ihrer Fabulierlust, aber reich an interessanten Motiven, Traditionen und Kombinationen sind die Geschichtslehrbücher, die der Hofkaplan Gottfried von Viterbo, wahrscheinlich deutscher Herkunft, jedenfalls in Bamberg geschult, für seinen Zögling Heinrich VI. und andere Laienleser schrieb und immer weiter ausgestaltete: ein *Speculum regum*, eine *Memoria saeculorum*, ein *Pantheon*, dem schließlich auch Gottfried eine Hexameter-Darstellung der *Gesta Friderici I. in Italia* folgen ließ, vielleicht auch noch die *Gesta Heinrici VI.* in Vagantenstrophen. Glanzvoller wurde Heinrich VI., vor allem sein Kampf gegen Tankred um Sizilien, von einem Dichter im normannischen Süditalien besungen, Petrus von Eboli, der auch ein verlorenes Barbarossa-Epos schrieb.

Nach 1200 hört diese reichhaltige staufische Geschichtsdichtung auf und wurde bald vergessen. In Frankreich dichtete noch um 1225 Guilelmus Brito eine *Philippis* in 12 Büchern, nachdem er die Gesta des französischen Königs Philipp II. August schon in Prosa dargestellt hatte. Auch Englands Kampf um die Normandie war um 1170 von Stephan von Rouen im Kloster Bec in seinem *Draco Normannicus* poetisch geschildert worden, und die antikisierende Geschichtsdichtung hatte um 1180 in der *Alexandreis* Walthers von Châtillon eine neue Blüte erlebt. Das spätere Mittelalter aber wandte lateinische Dichtung zumeist nur noch an didaktische oder zeitkritisch-satirische Stoffe wie die Pfau-Parabel des Kölner Kanonikers Alexander von Roes (1284) [4], das *Carmen satiricum* des Erfurter Augustinerchorherrn Nikolaus von Bibra u. dgl., historisch und literarisch beachtenswert, aber nicht als Geschichtsdarstellung gemeint. Historiographische Dichtung in Latein aber wird nun ersetzt durch volkssprachliche Reimchronistik, in der einerseits der alte Brauch ungeschriebener Geschichtsdichtung literarisch wird, anderseits (schon seit dem Beowulflied) das Vorbild lateinischer Großepik unverkennbar einwirkt.

II. EPOCHEN DER MITTELALTERLICHEN GESCHICHTSSCHREIBUNG

Nicht alle Geschichtswerke des Mittelalters lassen sich eindeutig in bestimmte historiographische Gattungen einordnen, und nicht nur deren literarische Traditionen sind in der Geschichtsschreibung wirksam. Vielmehr werden diese jeweils erst neu belebt und auch gewandelt durch Impulse, die aus der Geschichte selbst, nicht aus der Geschichtsschreibung kommen: sie bestimmen im Einklang mit den geschichtlichen Epochen den Gang und die Entfaltung der mittelalterlichen Historiographie unter Verwendung ihrer älteren Formtraditionen. Eine Betrachtung der Epochen der Geschichtsschreibung im Mittelalter wird also die Übersicht über ihre Gattungen ergänzen müssen, damit wie in Schuß und Kette das wirkliche Gewebe der Geschichtsüberlieferung des Mittelalters sichtbar und verständlich wird.

a) Auftakt in germanisch-fränkischer Zeit

§ 10

Das Mittelalter — mag man diesen Epochennamen noch sinnvoll finden oder nur als Notbehelf beibehalten — beginnt mit der Begegnung und Durchdringung germanischer, römisch-antiker und christlicher Kräfte und Überlieferungen in der Völkerwanderungszeit. Die christlich-biblische Heilsgeschichte hatte sich der spätantiken Traditionen bereits in der Weltchronistik seit Eusebius bemächtigt, die durch Hieronymus und Orosius am wirksamsten an die Folgezeit vermittelt wurde. Getrennt davon lebt die germanische Überlieferung volkssprachlicher Geschichtsdichtung im Mittelalter unter den Laien fort, tritt aber erst seit dem 12. Jahrhundert ins Schrifttum ein. Manches davon hat jedoch schon die spätrömische Darstellung germanischer Völkergeschichten (anschließend an die Origo-Literatur seit Cato) aufgenommen; Cassiodor-Jordanes gaben dafür mit der Gotengeschichte das Vorbild. Germanische Geschichte und Tradition wird dabei noch ins römisch-antike Geschichtsbild einbezogen. Auch die Frankengeschichte Gregors von Tours wurzelt in der gallo-römischen Bildung, bringt anderseits christlich-patristische Weltgeschichts-Vorstellungen mit; in diesen Rahmen faßt aber Gregor mit ursprünglicher Erzählergabe und stärkster persönlicher Beteiligung die Fülle neuer Erfahrungen und Eindrücke im Frankenreich. Nur erlebt er schon dessen Verfall knapp ein Jahrhundert nach der Gründung, und sein eigenes Werk bleibt ohne rechte Nachfolge, kann deshalb höchstens als Vorspiel, nicht eigentlich als Beginn mittelalterlicher Geschichtsschreibung gelten. Was im 7. Jahrhundert in verschiedenen fränkischen Reichsteilen oft im Anschluß an Gregor aufgezeichnet wurde — zusammengefaßt unter dem unverbürgten Namen des Scholasticus Fredegar — ist in Form und Gehalt dürftig wie die Geschichte der späteren Merowingerzeit selbst und verkümmert bald ganz, während die Hagiographie wuchert, meist ohne historischen oder literarischen Wert. Es ist eher ein erschöpfter Ausklang und Abstieg als ein jugendlicher Beginn eines neuen Zeitalters. Erst der politische Aufschwung durch die Karolinger und die kulturelle Befruchtung durch die angelsächsische Mission auf dem Festland hat in Verbindung miteinander auch der Geschichtsschreibung ein neues Gesicht gegeben.

b) Karolingerzeit

§ 11

Als Pippin 752 König geworden war, hat sein Oheim Childebrand, ein Bruder Karl Martells, die „Fredegar"-Überlieferung in einer *Historia vel gesta Francorum* umarbeiten und fortsetzen lassen zu einer Art karolingischer Hauschronik, die sein Sohn Nibelung dann bis zu Pippins Tod weiterführte. Die neue Dynastie und ihr Machtaufstieg wirkt da sofort auf die Geschichtsschreibung ein, und dieser Impuls verstärkt sich unter Karl d. Gr. Die neue Form der Klosterannalen empfängt von da her ihren historischen Gehalt, und sie wird in den Fränkischen Reichsannalen schon zu einer Darstellung der Ereignisse gleichsam „von Staats wegen" verwendet. Der Herrscher selbst gibt den Stoff für Einhards Biographie, und noch Karls Enkel

Nithart schreibt kenntnisreich vier kurze Bücher *Historiae* (im römisch-taciteischen Sinn von Gegenwartsgeschichte) über die Reichsteilungskämpfe zwischen Ludwig dem Frommen und seinen Söhnen; sie enthalten den deutschen und französischen Wortlaut der Straßburger Eide von 842. An dieser neuen Historiographie sind Laien führend beteiligt wie die *comites* Childebrand und Nibelung, wie Einhard und Nithart. Auch sie stehen aber wie die mönchischen Annalisten und Vitenschreiber im Zuge einer Bildungsreform, die von der angelsächsischen Mission seit Bonifaz ausgeht, von Alcuin im Frankenreich durchgesetzt wird. Sie bringt nicht nur die historiographische Tradition Bedas und Aldhelms mit; sie lehrt auch die antike und patristische Überlieferung wieder nutzen; sie klärt und regelt die verwilderte lateinische Sprache und Schrift. Man sieht am deutlichsten an der Überarbeitung der Reichsannalen — beide Fassungen sind 1895 in F. Kurzes Ausgabe nebeneinander gedruckt — und in Einhards Karls-Vita, wie das die Ausdrucksmittel formt und bereichert, in Zucht nimmt und klärt. Karls Bemühung, durch eine „Grammatik der Muttersprache" auch die heimische Geschichtsüberlieferung schriftfähig zu machen, blieb zwar wirkungslos. Die volkssprachliche Geschichtsdichtung blieb dem Laienmund überlassen, während das Schrifttum zum Vorrecht von Klerus und Mönchtum wurde und sich aufs Latein beschränkte — bis auf biblische „Missionsdichtung" wie ‚Heliand' und ‚Otfried' oder gelegentliche Aufzeichnungen des Hildebrandlieds, des ‚Muspilli' u. dgl. In dem reichen lateinischen Schrifttum der späteren Karolingerzeit aber nimmt neben Theologie und Schulwissenschaften die Historiographie einen beachtlichen Platz ein, weniger rezeptiv-kompilatorisch als jene, eigenständiger und produktiver, trotz ihres antikisierenden Gewandes oft persönlich geprägt und zeitnah in Gestaltung und Gehalt. Die Reichsannalistik wird im ostfränkisch-deutschen wie im westfränkisch-französischen, auch im lothringischen Reichsteil von hoher politischer Warte fortgeführt und in vielen Klöstern gepflegt. Der Blick weitet sich auch wieder in Weltchroniken auf das Ganze der Geschichte; und wenn es bei Frechulf von Lisieux noch ein Rückblick ist, der die Karolingerzeit nicht mit einbezieht und die Vergangenheit nur als Mosaikbild aus vielerlei alten Darstellungen erfaßt, so führt Abt Regino von Prüm am Ende des 9. Jahrhunderts seine Chronik schon annalistisch bis in die eigene Gegenwart. Am plastischsten aber treten die Gestalten der in der Mission, in Kirche und Kloster wirkenden Zeitgenossen in der Vitae-Literatur hervor, die von den Angelsachsen um Bonifatius und Alcuin ausgeht und sich in Münster und Werden, in Fulda und Korvei durch Generationen fortpflanzt. Gerade in diesen exemplarischen Lebensbildern wird oft eine Wirklichkeitsnähe erreicht, die das legendäre Schema und die literarische Konvention mit eigener Anschauung füllt und belebt. Selbst noch in den wunderreichen Translations-Berichten dieser Zeit ist sie spürbar. In der Metzer Bistumsgeschichte des Paulus Diaconus, in den Klostergeschichten von St. Wandrille und St. Gallen wird die Darstellung solcher Gestalten schon in einem sachlichen Zusammenhang aufgereiht. Auch die lateinische Dichtung wagt sich an zeitgeschichtliche Stoffe, im Westen Ermoldus Nigellus, der Lobredner Ludwigs des Frommen, und Abbo, der die Befreiung des von den Normannen belagerten Paris besingt, im Osten der Poeta Saxo mit den *Gesta Karoli Magni*.

Diese bedeutende und vielseitige Geschichtsschreibung, in der sich der selbstsichere, tatkräftige Wirklichkeitssinn der Karolingerzeit ausspricht und die herkömmlichen historiographischen Gattungen mit neuem Stoff und Geist erfüllt, endet zwar mit dem Zerfall des Frankenreichs. Sie hat aber grundlegend auf das ganze Mittelalter nachgewirkt, ihm Vorbilder geschaffen und vor allem die Gestalt Karls d. Gr. und das Bild seines Imperiums nicht wieder vergessen lassen.

c) Ottonen- und frühe Salierzeit

§ 12

Die Auflösung des Karolingerreichs und die Normannen-, Sarazenen- und Ungarnnöte ließen um 900 die Geschichtsschreibung fast ganz verstummen. Auch als Deutschland, von Frankreich endgültig getrennt, unter den sächsischen Herrschern sich einte und erstarkte, setzt erst langsam wieder eine wortkarge Annalistik ein mit engem Horizont, die selbst von den Erfolgen Heinrichs I. oft nichts anderes zu vermelden weiß als seinen Ungarnsieg. Erst als sein Sohn Otto I. die schweren inneren Krisen und äußeren Rückschläge seiner Anfänge seit der Lechfeldschlacht von 955 siegreich überwunden und 962 in Rom die Kaiserkrone erhalten, das seit zwei Menschenaltern erloschene Imperium wieder hergestellt hatte, blüht fast plötzlich in seinem Umkreis, von ihm belebt, eine neue Geschichtsschreibung auf. Widukind von Korvei vollendet 968 seine Sachsengeschichte, die vornehmlich die Taten Heinrichs I. und Ottos erzählt; er widmet sie der Kaisertochter Mathilde, Äbtissin von Quedlinburg. Gleichzeitig, unabhängig von Widukind, hat Hrotsvith von Gandersheim ihr Otto-Epos gedichtet und 967 ihrer Äbtissin Gerberga, einer Nichte Ottos, und dessen Sohn Wilhelm, Erzbischof von Mainz, überreicht (der selbst die Reichenauer Annalen durch eigenhändige Notizen ergänzte und vielleicht andere Geschichtswerke anregte). Bis 967 hat auch der Weißenburger Mönch Adalbert, ehe er Erzbischof von Magdeburg wurde, die Chronik Reginos von Prüm, die 906 abbrach, mit guter Kenntnis der politischen Vorgänge annalistisch fortgeführt. Um dieselbe Zeit beschrieb der Kölner Mönch Ruotger das Leben des 965 gestorbenen Kaiserbruders Brun, des „Erzherzogs", Erzbischofs von Köln und Herzogs von Lothringen. Und in denselben Jahren verfaßte am deutschen Hof der Lombarde Liudprand, den Otto zum Bischof von Cremona machte, seine höchst persönliche Darstellung der Zeitgeschichte als ein „Buch der Vergeltung" *(Antapodosis)* gegen seine Feinde, und in einer *Historia Ottonis* schilderte er aktenkundig das Eingreifen des Kaisers in Rom; später schrieb er auch einen temperamentvollen Bericht seiner Reise nach Byzanz als kaiserlicher Gesandter und Brautwerber für Otto II. (968)[1]. Anscheinend hat allen diesen Geschichtsschreibern die kaiserliche Kanzlei selbst manchen Stoff geliefert; jedenfalls ist der starke Impuls durch Ottos Taten und Persönlichkeit darin offenkundig. Wieder hält man sich dabei oft an antike Stilmuster, auch wohl an karolingische Vorbilder. Trotzdem hat jedes dieser Werke, stärker als früher, sein eigenes Gepräge, auch in seiner politischen Gesinnung trotz gemeinsamer Herrscherverehrung. Laien sind daran nicht mehr beteiligt wie in karolingischer Zeit; sie haben auch kein eigenes Schrifttum. Hat doch Otto I. selbst erst spät lesen und Latein gelernt, sein Vater nie, wie überhaupt der Laienadel noch schriftlos war außer den für den Thron erzogenen Königssöhnen. Aber die Volksdichtung

über die die Zeit bewegenden Gestalten, Taten und Ereignisse, wie sie auf Adels- und Bauernhöfen vorgetragen wurde, ohne ins Schrifttum einzugehen, muß man sich ergänzend hinzudenken, und besonders in Widukinds Sachsengeschichte schimmert sie oft sichtbar durch. Einseitig „klerikal" gesinnt ist diese Geschichtsschreibung der Mönche, Nonnen und Geistlichen im 10. Jahrhundert keineswegs. Die Heiligenlegende tritt zurück wie auch die Theologie, und selbst für heilsgeschichtliche Weltchroniken fehlt dieser Zeit der Sinn. Die Reichsgeschichte umfaßt die Kirche mit; der König erscheint als *Vicarius Dei* auf Erden, Geistliches und Weltliches ist noch ungeschieden vereint im *sacerdotale regnum* und *regale sacerdotium,* wie Ruotger mit biblischen Wendungen sagt. Die Welt selbst stellt sich ohne inneren Zwiespalt als religiös sinnvolle Wirklichkeit dar, in der Gott durch den König und seine Helfer wirkt. Darin sind die Geschichtswerke dieser Zeit mit ihren klar geordneten Kirchenbauten und mit ihren lebensvollen Handschriften- und Wandmalereien vergleichbar.
Diese Blüte der Historiographie unter Otto I. war von kurzer Dauer, hat aber noch manche spätere Früchte gezeitigt. Nach dem Scheitern der verstiegenen Renovatio-Politik des Jünglings Otto III., unter dem nur Asketen-Viten und Kloster-Annalen gediehen, denkt Bischof Thietmar von Merseburg schon wehmütig an jenes „goldene Zeitalter" zurück, als er in den kämpfereichen Jahren Heinrichs II. seine Chronik schreibt. Obgleich er schon an der Spannung zwischen politischem und religiösem Sinn leidet, reiht sich sein Werk in jene Bistums- und Klostergeschichten ein, die (nach einzelnen karolingischen Vorläufern) zur charakteristischsten Ausdrucksform der ottonisch-frühsalischen Reichskirche und Klosterkultur wurden, ausgehend vom fränkischen Niederlothringen, wo Brun von Köln gewirkt hatte, gipfelnd in Adams Bremer Kirchengeschichte. Bodenständiges Interesse verbindet sich da mit literarischer Kunst und weltoffenem Blick für Ereignisse und Gestalten, in denen sich die Einheit von Reich und Kirche verkörpert. Aus diesen Bischofs- und Abt-Reihen treten manche Figuren einzeln heraus, denen eine besondere Vita zuteil wird, nicht als Heiligenlegende für den Kult bestimmt, manchmal sogar schon zu Lebzeiten geschrieben, exemplarisch auch für das Wirken in der Welt. Schon unter

Heinrich II. versuchte sich diese biographische Kunst wie einst unter Karl d. Gr. auch am Herrscher selbst, und dann regte die kräftige Laiennatur des ersten Saliers seinen Kaplan Wipo zu einer Darstellung der *Gesta Chuonradi* an, die gleich den zahlreichen Bischofs-Gesta ihre Fortsetzung für den Nachfolger finden sollte. Dazu kam es nicht. Erst Heinrich IV. wurde nach seinem Tod in einer anonymen Vita beklagt und entschuldigt, die jene biographische Tradition schon in der Krise des Investiturstreits zeigt.

Denn inzwischen hatte die von Cluny und Lothringen ausgehende Kloster- und Kirchenreformbewegung jene Einheit von Geistlichem und Weltlichem, Kirche und Reich in Frage gestellt und zerstört, auf der auch die Geschichtsschreibung der Ottonenzeit beruhte.

d) Die Krise des Investiturstreits

§ 13

Die seit der Jahrtausendwende anschwellende Forderung nach Kloster- und Kirchenreform, die sich auf Benedikts Mönchsregel und auf das kanonische Recht der alten Kirche berief (mitsamt den in spätkarolingischer Zeit gefälschten Pseudoisidorischen Dekretalen), erwies sich als unvereinbar mit der hergebrachten Königs- und Adelsherrschaft in der ottonischen Reichskirche, die auch Rom und das Papsttum einbeziehen wollte, mit Eigenkirchen und -klöstern, die vom Adel gestiftet und gefördert, aber auch besetzt und ausgenutzt wurden. Geistliche und weltliche Mächte und Rechte, bisher in einer Ordnung vereint, entzweiten sich, und die bisher als Autorität gemeinsam verehrte Überlieferung mußte zur Begründung einander widerstreitender Ansprüche herhalten. Mancherlei Widersprüche wurden in ihr offenbar und polemisch gegeneinander ausgespielt. Eine neue Theologie und Kanonistik versuchte sie dialektisch zu beheben und auszugleichen. Auch die Geschichtsschreibung war dadurch vor neue Aufgaben gestellt. Sie mußte Partei nehmen, ob sie wollte oder nicht. Auch die Vergangenheit stellte sich anders dar, je nachdem ob die alte Ordnung der Königs- und Adelsherrschaft in der Kirche im Recht war oder die neue Forderung nach „Freiheit der Kirche" von aller Laiengewalt, unter eigner

Führung nach eigenem, kanonischem Recht. Die Darstellung der Gegenwart vollends stellte jeden Annalisten und Chronisten vor die Entscheidung, ob er den vom Papst gebannten und abgesetzten König anerkannte oder den vom König abgesetzten Papst, den Gegenkönig oder den Gegenpapst. Der Streit um die „verstörten Rechte aller menschlichen Gemeinschaft", der nach dem Zeugnis eines Zeitgenossen selbst die Werkstätten und Spinnnstuben, die Gerichts- und Markttage erfüllte und in einer Flut von Streit- und Flugschriften ausgefochten wurde, bewegte zutiefst auch die Geschichtsschreiber. Sie werden parteiisch und tendenziös, insbesondere wenn sie aktuelle Zeitgeschichte schreiben, ohne sich dabei immer an alte Gattungen zu halten. Nimmt das lateinische Epos vom Sachsenkrieg begeistert für Heinrich IV. Partei, so eifert der Magdeburger, später Merseburger Domherr Bruno in seinem Buch vom Sachsenkrieg (1082) gehässig gegen ihn; nur scheinbar objektiv fügt er eine Menge zeitgenössischer Briefe ein. Der Bischof Bonizo von Sutri verficht in einem historisch-politischen *Liber ad amicum* (1085/6) die Sache Gregors VII. ebenso leidenschaftlich, wie sie der Kardinal Beno mit seinen *Gesta Romanae ecclesiae* in Briefform bekämpft. Selbst die sonst meist farblos-sachlichen Annalen arten bei Lampert von Hersfeld zu einer heftigen, verzerrenden Polemik gegen Heinrich IV. aus, während dessen anonyme Vita umgekehrt zu einer warmherzigen Apologie wird. Von einer spezifisch kluniazensischen oder gregorianischen Geschichtsschreibung kann man freilich kaum sprechen; dazu fehlte den aktiven Reformern wohl der historische Sinn. Selbst die großen Päpste nach Leo IX. und ihre Helfer fanden selten zeitgenössische Biographen. Auf der anderen Seite versuchte Heinrich V. die Historiographie zielbewußt in seinen Dienst zu stellen: auf seinen Romzug 1110/1, auf dem er dem Papst durch seine Gefangennahme kaltblütig das Investitur-„Privileg" abnötigte, nahm er in seiner Kanzlei einen Mann iroschottischer Herkunft namens David mit, der diese dramatischen Ereignisse im Sinne des Kaisers mit geradezu propagandistischer Absicht darstellen mußte. Leider ist dieses Werk nicht erhalten; aber Ekkehard von Aura hat es für die Fortsetzung seiner Weltchronik benutzt, die schon früher dem Kaiser gewidmet war; und auch einen anderen Chronisten hat Heinrich V. nach seiner Rückkehr aus Rom mit einer Darstellung der Kaisergeschichte beauftragt. Diese etwas krampfhaften Ansätze des letzten Saliers zu einer offiziellen Historiographie blieben ohne rechte Wirkung wie seine gewaltsame Politik überhaupt. Gerade Ekkehard von Aura zeigt in den verschiedenen Fassungen seiner Weltchronik, wie die kirchlich-päpstliche Gesinnung in Deutschland die Oberhand behielt, während nur im niederlothringischen Nordwesten, wo auch Heinrich IV. den letzten Rückhalt gefunden hatte, der kaiserlich gesinnte Anti-Gregorianer Sigebert von Gembloux mit seiner Weltchronik und anderen Werken nachhaltig wirkte, auch nach Westeuropa hin. Diese Weltchronistik, die die vorangehende Zeit nicht pflegte, ist überhaupt kennzeichnend für das neu erwachte grundsätzliche Interesse an der Geschichte als Ganzem, an ihrem Verlauf und Sinn. Nicht zufällig haben manche Weltchronisten zugleich kirchenpolitische Streitschriften verfaßt, Sigebert gegen, Bernold von Konstanz für die gregorianische Reform. Mit der Rechts- und Weltordnung war auch die Weltgeschichte problematisch geworden: das ließ jetzt die patristische Tradition der Weltchronistik wieder aktuell werden, vielstimmiger als in der Karolingerzeit. Noch als sich seit dem Wormser Konkordat die Geister zu beruhigen begannen, als in den Friedensjahren Kaiser Lothars wieder eine sachlich-nüchterne Annalistik ohne weiten Horizont oder literarische Ansprüche zumal in sächsischen Klöstern auflebte, während der Konflikt zwischen Staufern, Welfen, Babenbergern unter Konrad III. neue Unruhe brachte, da hat doch das in der Krisenzeit erwachte Nachdenken über die Geschichte noch seine reifste Frucht getragen in der Chronik Ottos von Freising, der *Historia de duabus civitatibus*, wie er sie mit Augustins Begriffen nannte. Als Bischof und Reichsfürst, Enkel Heinrichs IV. und Halbbruder Konrads III. litt er an dem Zwiespalt zwischen Kirche und Reich; als Zisterzienser sah er nur in den zahlreichen neuen Orden seiner Zeit noch Bürger und Bürgen der *Civitas Dei*. Aber unpolemisch, den feindlichen Gegensätzen friedwillig überlegen, sucht er in der Geschichte den Erdenweg zum Gottesreich und sieht ihn in seiner Zeit ans Ende gelangt, wo die letzten Dinge bald anbrechen, deren Darstellung seine Chronik beschließt. Weltende-Erwartungen hat es im Mittelalter immer gegeben, keineswegs nur (und nicht einmal besonders deutlich) um die Jahrtausendwende.

Otto von Freising aber glaubt das nahe Ende aller Geschichte wie ihren Anfang in das Gesamtbild seiner Chronik einfügen zu können, als ließe sich bereits das Ganze abschließend überschauen. Er hat es noch erlebt, daß die Geschichte weiterging, anders als er meinte, da sein Neffe Friedrich I. eine neue Zeit des Friedens, der Eintracht und der Reichsmacht heraufzuführen schien.

e) Barbarossa-Zeit

§ 14

Elf Jahre nach ihrer Vollendung hat Otto von Freising seine Chronik 1157 dem neuen Kaiser Friedrich I. und seinem Kanzler Rainald von Dassel überreicht, wohl wissend, daß sich inzwischen ein politischer und geistiger Umschwung vollzogen hatte von den trüben, wirren Zeiten, die er ohne Hoffnung auf irdische Zukunft geschildert hatte, zu neuer Tatkraft und Zuversicht[1]. Die Katastrophe des zweiten Kreuzzugs von 1147, an dem er als Heerführer teilnahm, mit ihrer entzweienden Rückwirkung auf die europäischen Mächte hatte ernüchternd gewirkt. Die religiöse Erregung seit dem Investiturstreit, von Bernhard von Clairvaux, der den Kreuzzug betrieb, noch einmal aufs höchste gesteigert, klang ab und wich einer weltfreudigeren Gesinnung. Das im Reichs- und Fürstendienst aufstrebende Rittertum war überzeugt: *Swer Got und die werlt kan behalten, derst ein saelic man* (Freidank 31,18 f.), wer, ohne Gott zu verlieren, *doch der werlde hulde behalten kan mit werdekeit* (Wolfram, Parzival 827, 22). In Minnesang und Epik gestaltete sich diese ritterlich-höfische Gesellschaft ihre Idealbilder und sah bald auch die Geschichte von Alexander und Troja, von Artus- und Karls-Helden in ihrem Glanz. Die Herrscher einer neuen Zeit entsprachen diesem Ideal, im Westen Heinrich II. Plantagenet (1154/89), der das aquitanische Erbe seiner Gemahlin Eleonore von Poitou, der Troubadour-Freundin, mit Anjou, der Normandie und England zu einer Großmacht vereinte, mehr noch sein Sohn Richard Löwenherz (1189/99), der Kreuzzugsheld, erst recht Friedrich Barbarossa (1152/90), der den staufisch-welfischen Streit als Sproß beider Geschlechter überwand, mit Papst Eugen III. ein Bündnis schloß gegen Normannen, Griechen und Römer und nach zwei kaiserlosen Jahrzehnten dem Imperium auch in Italien gegen die eigenmächtig gewordenen Lombardenstädte wieder Geltung verschaffte. Selbst ritterlich in Haltung und Gesinnung, gab er durch seine Persönlichkeit und seine Taten auch der Geschichtsschreibung neuen Schwung. Sein Oheim Otto von Freising ließ sich von ihm und seiner Kanzlei den Stoff liefern, um nunmehr aktenkundig, innerlich und äußerlich beteiligt die ‚Taten Kaiser Friedrichs I.' darzustellen, bis er schon 1158 starb und die Vollendung des Werks (bis 1160) seinem Helfer Rahewin überlassen mußte. Aber andere griffen die Aufgabe auf. Der namenlose Archipoeta, der den Kaiser nach dem Sieg über Mailand 1162/3 in einem klangvollen, gedankenreichen Hymnus verherrlichte, entzog sich zwar dem Auftrag seines Gönners Rainald von Dassel, Barbarossas Taten in Italien dichterisch darzustellen. Ein Dichter aus Bergamo aber wagte sich daran, und er konnte dabei wohl Informationen aus der kaiserlichen Kanzlei, wahrscheinlich vom Kanzler Rainald selbst, verwenden wie Otto und Rahewin, wie auch ein Priester Johannes aus Cremona, dessen Darstellung verlorenging, aber noch von Burchard von Ursberg benutzt wurde. Überall sieht man da – deutlicher noch als einst bei Otto I., erfolgreicher als bei Heinrich V. –, wie der Kaiser selbst oder sein Kanzler die Geschichtsschreibung anregt und lenkt[2], in den Dienst seiner Politik stellt und mit bedeutendem Gehalt füllt. Lateinische Dichtung schien dieser bildungsfreudigen Zeit dabei noch wirksamer und des großen Gegenstands würdiger als Prosa. Auch die *Gesta Friderici* Ottos und Rahewins sind in der nächsten Generation von Gunther von Pairis, dem Erzieher eines Barbarossa-Sohnes, in seinem *Ligurinus* von 1186/7 in Hexameter umgedichtet worden, und das staufische Reichsbewußtsein kommt dabei nur noch stolzer zum Ausdruck[3]. Erfüllt es doch sogar das liturgische Antichrist-Spiel jener Zeit, das in einer Tegernseer Handschrift erhalten ist. Auch Gottfried von Viterbo, der in der Kanzlei dreier staufischer Herrscher diente und Erzieher Heinrichs VI. wurde, hat für ihn und andere Laienleser immer wieder in Vers und Prosa die Geschichte des fränkisch-deutschen Reichs mit seiner trojanisch-römischen Vorzeit behandelt und die Taten Friedrichs I., vielleicht auch noch Heinrichs VI., dessen Kampf um Sizilien dort Petrus von Eboli episch verherrlichte. Auch die

Berichte vom Kreuzzug Barbarossas wurden trotz seines schmerzlichen Ausgangs in mehreren zeitgenössischen Darstellungen verarbeitet.
Diese staufische Historiographie, der im norddeutschen Machtbereich Heinrichs des Löwen nur die Slavenchronik des wackeren Pfarrers Helmold an die Seite zu stellen ist, hat sich schon vor Friedrich II. überwiegend nach Italien verlagert wie die staufische Politik selbst. Dort sind auch politisch tätige Laien lebhaft daran beteiligt, wie der kaiserliche Pfalzrichter Otto Morena und sein Sohn Acerbus, deren Geschichte von Lodi für die Jahre 1153 bis 1164 zu einer Geschichte Friedrichs I. wurde voller prägnanter Charakteristiken der Zeitgenossen[4]. Weniger kaiserfreundlich schrieb der Genuese Cafaro (1166) die Annalen seiner Stadt, die im amtlichen Auftrag bis 1284 fortgeführt wurden; ähnlich in manchen anderen Städten der Lombardei, wie in Piacenza die Annalen des Johannes Codagnellus. Vergleichbar mit der nüchtern-realistischen, politisch interessierten Beobachtungs- und Darstellungsgabe dieser italienischen Stadt-Annalisten ist am ehesten die englische Historiographie schon des 12. Jahrhunderts, die von Wilhelm von Malmesbury und Heinrich von Huntingdon über die *Gesta regis Henrici II.* des Roger von Hoveden bis zur *Historia rerum Anglicarum* Wilhelms von Newburgh und dem oft autobiographischen Walliser Giraldus Cambrensis eine ganze Reihe scharf profilierter Meisterwerke schuf[5]. Frankreich stellte ihnen, nach den Königs-Viten Abt Sugers von St. Denis († 1151), erst in den *Gesta Philippi II. Augusti* von Rigord und Guilelmus Brito nach 1200 etwas Gleichartiges an die Seite.
Die Geschichtsschreibung Deutschlands wirkt dagegen in der späteren Stauferzeit rückständig, als zehrte sie von vergangenem Glanz. Der Abt Otto von St. Blasien († 1223) und der Propst Burchard von Ursberg (um 1229) setzten in staufertreuer Reichsgesinnung ältere Chroniken fort. Die Marbacher Annalen, deren Straßburger Kernstück besonders gut über die Zeit Heinrichs VI. von einem seiner Kapläne informiert ist, werden danach spärlicher und hören 1238 auf. Die annalistische ‚Kölner Königs-Chronik', um 1175 angelegt, als ihr gleichfalls Berichte eines kaiserlichen Notars zur Verfügung standen, wird von mehreren Fortsetzern mit wechselndem politischen Urteil, meist kaiserlich gesinnnt, bis zur Mitte des 13. Jahrhunderts weitergeführt. Eine

deutsche Dichtung über den „edlen Staufer" Friedrich I. ging verloren, wie überhaupt die historiographischen Zeugnisse der Barbarossazeit bald nach 1200 rasch vergessen und kaum noch beachtet wurden, auch Ottos *Gesta Friderici* im Gegensatz zu seiner Chronik. Durch den langen staufisch-welfischen Thronstreit im Reich und seine umwälzenden Folgen wurde das Gedächtnis an die Hochstimmung der früheren Stauferzeit gleichsam verschüttet. Die Blüte der ritterlich-höfischen Kultur und Dichtung welkte bald, und mit den neuen politisch-sozialen Kräften des landesherrlichen Territorialfürstentums, der Städte und der Bettelorden kamen auch neue Arten der Geschichtsschreibung herauf.

f) Das spätere Mittelalter

§ 15

Die Geschichtsschreibung im Spätmittelalter läßt sich schwerer als in den vorangehenden Jahrhunderten sichten und gliedern. Sie ist vielfältiger, teils schulmäßiger, teils provinzieller und lokaler, zumeist unbedeutender als vorher, aber aufschlußreich für mancherlei soziale und kulturelle Wandlungen. Sie begnügt sich nicht mehr mit den überlieferten Gattungen, wie es schon die individuelleren Titel mancher Geschichtswerke zeigen: *Flores temporum* oder *Liber certarum historiarum, Speculum historiale* oder *Annotata historica, Mare historiarum* oder *Historia satyrica* usf., auch die Verwendung des Namens Chronik mit allerhand einengenden Zusätzen. Sie ist auch nicht mehr so deutlich wie in der Karolinger-, Ottonen- oder Barbarossazeit durch epochale Ereignisse und Persönlichkeiten bestimmt und belebt, wenigstens nicht in Deutschland. In Frankreich und England kommt schon im 13. Jahrhundert die staatlich-nationale Konsolidierung auch historiographisch zum Ausdruck in den *Gesta regum,* in Geschichtswerken wie den *Grandes chroniques de France,* die im alten Königskloster St. Denis bei Paris, auch schon auf französisch, die Geschichte des kapetingischen Frankreich als legitime Fortsetzung der karolingischen Frankengeschichte darstellen, oder in den stoffreichen Chroniken des Engländers Matthäus Paris. Die Geschichtsschreibung geht seitdem dort andere Wege

als in dem politisch zersplitternden Deutschland, mag es auch noch manches Gemeinsame und Vergleichbare geben.
Schon der letzte Staufenkaiser Friedrich II., dessen Bild auch in Italien zwiespältig blieb – seine Vita von Bischof Meinardino von Imola ist verschollen –, hat auf die deutsche Geschichtsschreibung keine Wirkung mehr geübt wie sein Großvater Barbarossa, der ihn allmählich sogar aus der Volkssage vom bergentrückten, dereinst wiederkehrenden Endkaiser verdrängte. Nach dem Interregnum gab der neue Aufschwung unter dem ersten Habsburger der Geschichtsschreibung zwar manche Anregung: nahe seiner Heimat erzählen die Kolmarer Dominikaner in ihren Annalen viele volkstümliche Anekdoten über ihn, wie sie auch später noch gesammelt wurden, und der Straßburger Bürgerführer Ellenhard veranlaßte eine Chronik, der sich *Gesta Rudolfi et Alberti* anschlossen; in den neuen Hausmachtgebieten der Habsburger dichtete der Wiener Bürger Jansen Enikel seine Weltchronik und sein Fürstenbuch, der Dienstmanne Ottokar die Steirische Reimchronik. Aber ein vielstimmigeres historisch-politisches Interesse, das dann oft bis auf Rudolf I. und noch weiter zurückblickt, löste erst wieder der lange Kampf um das Reichsrecht zwischen Ludwig dem Bayern und dem avignonesischen Papsttum aus. Der verketzerte Kaiser ließ wohl auch selbst durch seine franziskanischen Helfer die Akten seiner Kanzlei für Geschichtswerke zu seiner Rechtfertigung verwerten; und in Bayern, das ziemlich einmütig zu ihm hielt, wurde er in einer *Chronica Ludowici* überschwenglich verherrlicht, zuverlässiger von einem Fürstenfelder Zisterzienser gewürdigt in einer *Chronica de gestis principum* (bis 1326). Auch der Eichstätter Chorherr Heinrich Taube *(Surdus)* von Selbach, früher irrig Heinrich von Rebdorf genannt, bemühte sich in seiner kenntnisreichen Fortsetzung der franziskanischen *Flores temporum* bis 1343 um unparteiisches Urteil. Zwielichtiger erscheint Ludwigs Charakterbild in der reichhaltigen Fortsetzung der Martins-Chronik durch Matthias von Neuenburg, einen bischöflichen Notar in Straßburg und Basel, der an manchen diplomatischen Missionen beteiligt war und viele Zeitereignisse genau schildern konnte, weniger fabulös als der gleichzeitig schreibende Franziskaner-Chronist Johann von Winterthur. Vollends feindselig gegen Ludwig setzte der Konstanzer Domherr Heinrich Truch-

seß von Dießenhofen die Kirchengeschichte des Tolomeo von Lucca fort; er bezog seine Nachrichten aus Avignon und von den Habsburgern. Von den Luxemburgern weiß währenddessen am meisten der Zisterzienserabt Peter von Zittau in Königssaal bei Prag zu berichten (Chronik bis 1339). Abseitiger von den Reichskonflikten schrieb in Westfalen der Mindener Dominikaner Heinrich von Herford seine kompilatorische Chronik, Levold von Northof die Chronik seiner Grafen von der Mark.
Überall lebt da die Geschichtsschreibung kräftig auf, nicht mehr von Reichs wegen gesteuert wie in der Barbarossa-Zeit, aus sehr verschiedener Sicht und Gesinnnung beteiligt an den reichs- und kirchenrechtlichen Streitfragen, die zumal um die Zeit des Rhenser Kurfürstentags von 1338 alle Volksschichten erregten. Das bezeugen nicht nur diese Chronisten. Auch den gleichzeitigen Publizisten und Juristen wird die Geschichte zum Arsenal für politisch-rechtliche Ansprüche. Schon Alexander von Roes aus Köln hatte in seinem *Memoriale* von 1281 und einer kleinen ‚Weltkunde' von 1288 aus der Geschichte der Germanen-Franken-Deutschen deren Anspruch auf das Imperium begründet, ohne das die Welt nicht bestehen könne. Mit trocknerer Gelehrsamkeit schrieb um 1310 Abt Engelbert von Admont *De ortu et fine Romani imperii*, um das Recht und die Notwendigkeit der Weltmonarchie historisch und philosophisch zu beweisen, wie es kühner bald darauf Dantes *Monarchia* und die Geschichts-Vision seiner *Commedia* verkündete. Den langen Streit um das Reichsrecht unter Ludwig d. B. suchte dann Lupold von Bebenburg, später Bischof von Bamberg, in einem Traktat *De juribus regni et imperii* (1340) zu klären im Sinn der Rhenser Beschlüsse, auch er mit Berufung auf die Reichsgeschichte, die auch seinen nicht immer gleichgesinnten Freund Konrad von Megenberg in vielen Schriften beschäftigte. Und noch in der Schisma-Zeit um 1400 zog Dietrich von Nieheim, ein heimatstolzer Westfale im Dienst der Kurie, immer wieder die Geschichte zu Rate, um den Zeitnöten abzuhelfen. Von diesen Theoretikern des Reichsrechts wurde Geschichte nicht dargestellt, aber durchdacht und verwendet, weil sie ihnen für die Gegenwart und Zukunft grundlegend erschien. Politisches und historisches Interesse hatten sich auf neue Weise verbunden.
Die Beruhigung und Konsolidierung der jahrzehntelang stritti-

gen Reichspolitik unter Kaiser Karl IV. kam jedoch diesem lebendigen Geschichtsinteresse nicht zustatten, sondern ließ es erlahmen, fast verstummen. Der Luxemburger schrieb zwar selbst eine Darstellung seiner Jugend und eine Vita seines Urahnen, des hl. Wenzel; er pflegte den Kult seiner Vorfahren und gab auch den Auftrag, die Geschichte seiner Zeit zu schreiben, fand dafür aber keinen geeigneteren Historiographen als einen italienischen Minoriten Marignola, der nicht viel mehr als einige frühhumanistische Stilkünste und fabulierende genealogische Interessen dafür mitbrachte. Sonst kam Karls Anregung nur der Darstellung der böhmischen Landes- und Kirchengeschichte durch den Prager Domherrn Benesch von Weitmühl und andere Tschechen zugute. Sein Sohn Siegmund wurde dem ihm helfenden Mainzer Kaufmann Eberhard Windecke zum Gegenstand lebensvoller, deutsch geschriebener Denkwürdigkeiten. Das bunte Treiben auf dem vierjährigen Konstanzer Konzil, das Siegmund zur Überwindung des großen Schismas zustande brachte, schildert gleichfalls auf deutsch der Konstanzer Bürger Ulrich von Richental. Doch auch diese memoirenhafte Zeitgeschichte in eigener Sprache, wie sie in Frankreich damals von Froissart bis Commines zu literarischer Reife kam, ist unter der langen trägen Regierung Friedrichs III. nicht weiter gediehen; seine Geschichte schrieb nur der vielgewandte italienische Humanist Enea Silvio Piccolomini, der nach seiner Trennung vom Basler Konzil jahrelang in Friedrichs Diensten stand, ehe er Kardinal und Papst wurde. Humanisten hat auch Maximilian um seinen Hof geschart und an die Wiener Universität gezogen. Johannes Cuspinianus (Spießhaimer aus Schweinfurt) sollte ihm nicht nur die Geschichte Österreichs, sondern auch die Kaisergeschichte von Caesar bis Maximilian schreiben; sein *Opus insigne de Caesaribus atque Imperatoribus Romanis*, erst elf Jahre nach seinem Tod 1540 gedruckt und bald verdeutscht, blieb jedoch hinter seiner *Austria* zurück und wies der Historiographie so wenig neue Wege wie Maximilians eigene ritterlich-romantisierenden und dynastisch-genealogischen Geschichtsinteressen. Nicht ohne Grund griffen die deutschen Humanisten bei ihrer Suche nach eigener nationaler Überlieferung auf die Geschichtswerke der Staufer- und Ottonenzeit oder noch weiter zurück; denn seitdem hatte

Deutschland keine große gemeinsame Geschichtsschreibung mehr gehabt.
Überreich, kaum übersehbar blühte dagegen seit dem 13. Jahrhundert die Landesgeschichte in fürstlichen Territorien auf und die bürgerliche Geschichtsschreibung in den wachsenden Städten. Mit verengtem Horizont wird da der Blick auf die vertraute Nähe gerichtet, auf die eigenen Fürsten und Mitbürger in ihrem täglichen Leben. Was diese Geschichtsschreibung an politischem Verständnis und Weitblick verliert, gewinnt sie an intimeren Reizen. Vom Latein geht sie vereinzelt schon im 13., häufiger erst im 15. Jahrhundert zur Volkssprache über, oft über die Zwischenstufe von Reimchroniken oder Übersetzungen. Eine neue nicht-klerikale Leserschicht bildete sich dafür vornehmlich in den Städten. Inwieweit deren Interessen den Stil und Gehalt dieser Literatur von den älteren historiographischen Traditionen entfernten, bedarf noch eindringlicher Untersuchung, die manche lokale Vorarbeiten zusammenfassend zu verwerten hätte. Einstweilen sind am besten die humanistischen Einflüsse erforscht, die seit dem Ende des 15. Jahrhunderts diese bürgerliche Historiographie befruchtet, aber auch überfremdet haben, zwiespältig zwischen antikisierender Lateinbildung und nationalem Geschichtsenthusiasmus.
Die neue soziale Schicht des Stadtbürgertums war auch vornehlich das Wirkungsfeld der Bettelorden, die seit dem 13. Jahrhundert das früher dominierende benediktinische Mönchtum in den Hintergrund drängten, auch in der Wissenschaft und Geschichtsschreibung, der sie ein ganz eigenes Gepräge gaben. Nicht mehr ans Kloster gebunden wie alle Benediktiner-Mönche, sondern oft unterwegs von einem Konvent zum andern, in ständiger Berührung mit der Welt und dem Volk, aber straff zusammengefaßt, einheitlich gelenkt und geschult in einem hierarchischen Ordensverband über alle Länder hin, mit regelmäßigen Zusammenkünften auf General- und Provinzial-Kapiteln, sind die Franziskaner und Dominikaner zugleich volksnäher und internationaler als frühere Orden. Der Predigt, der Seelsorge und Ketzerbekämpfung sollte ihre Gelehrsamkeit dienen, die von den Ordensschulen und Universitäten gleichmäßig durch alle Ordensprovinzen verbreitet wurde. Auch in Paris, wo sich um 1200 ältere Dom- und Stiftsschulen zur Universität zusammen-

schlossen, die bald von den Bettelordens-Theologen beherrscht wurde, und an den nach diesem Muster gegründeten jüngeren Universitäten wurde allerdings Geschichte nicht als Wissenschaft gelehrt. Der *magister historiarum* Petrus Comestor († um 1178) hatte mit seiner exegetischen *Historia scholastica* nicht die gleiche Wirkung wie der *magister sententiarum* Petrus Lombardus († 1160/4) mit seinen dogmatischen Sentenzen, die zum grundlegenden Lehrbuch aller scholastischen Theologen wurde. Ergänzend für die Praxis brauchten aber die Bettelordens-Theologen und -Juristen auch Geschichts-Lehrbücher, die den Stoff übersichtlich mundgerecht darboten. Für sie schrieb der Dominikaner Martin von Troppau († 1278) seine schematische, doch anekdotenreiche Papst- und Kaiser-Chronik, ein Franziskaner seine *Flores temporum* als historische Blütenlese für Predigtzwecke. Vorher schon hatte der französische Dominikaner Vincenz von Beauvais († 1264) in seinem Geschichtsspiegel allen historischen Stoff enzyklopädisch verarbeitet, und sein italienischer Ordensgenosse Jacob von Voragine († 1298/9) faßte auch alle hagiographische Überlieferung in der *Legenda aurea* zusammen. Diese bequemen Nachschlagewerke und Handbücher, oft ergänzt oder zu Kompendien verkürzt, lieferten bis ans Ende des Mittelalters die historische Allgemeinbildung, in deren Rahmen, oft auch literarisch daran anschließend, sich das historische Sonderinteresse einzelner Landschaften, Territorien und Städte entfaltete. Ihr lehrhafter Zweck erklärt die schematische Anlage jener „Martins-Chroniken" nach parallelen Papst- und Kaiserreihen, die die Übersicht erleichtert, aber weder eine sinnvoll zusammenhängende Darstellung noch die Unterscheidung des historisch Wichtigen vom Belanglosen zuläßt. Sie erklärt ebenso die unbedenkliche Aufnahme unverbürgter Fabeln und Anekdoten, wenn sie nur für moralische Belehrung oder religiöse Erbauung verwendbar schienen. Die Weltgeschichte wird dabei zur zeitlich geordneten Stoff- und Beispielsammlung für Prediger, ähnlich der beliebten Exempla-Literatur dieser Zeit. Darin liegt die Schwäche, doch auch der eigenartige Wert und Reiz dieser Bettelordens-Geschichtsbücher. Sie sind eine Fundgrube dessen, was als wirksamer und unterhaltsamer Predigtstoff, als „Predigtmärlein" galt, was ans Volk gebracht und oft auch ihm abgelauscht wurde. Besonders franziskanische Chronisten hatten dafür offenen Sinn.

Wie der unvergleichlich gesprächige und neugierige, weit herumgekommene Fra Salimbene aus Parma († nach 1288) in seiner weithin autobiographischen Chronik kunterbunt fromme Betrachtungen voller Bibelsprüche mit amüsanten Geschichten über Ordens- und Zeitgenossen (besonders Kaiser Friedrich II.) und Zeitereignisse mischt, so erfährt im 14. Jahrhundert auch der Franziskaner Johann von Winterthur, ohne seine alemannische Heimat zu verlassen, von Ordensbrüdern und Missionaren, Wallfahrern, Kriegs- und Spielleuten lehrreiche Neuigkeiten aus aller Welt und verquickt das Historische mit dem Alltäglichen, das Selbsterlebte mit Wunder- und Geistergeschichten. Im Vergleich zu früheren Geschichtswerken wirkt das form- und stillos, literarisch traditions- und anspruchslos, aber volkstümlicher, in einer Art lateinischer Umgangssprache, die der Volkssprache nahekommt und in sie übertragen wird, erst mündlich in der Predigt, bald auch schriftlich in deutscher Geschichtsschreibung. Bei den Stadtchronisten setzte sich diese populäre Erzählweise dann ohne ihre moralisch-erbaulichen Zwecke fort. Nicht zufällig gehören öfters beliebte Bettelmönche zu den frühesten Chronisten der Städte, in denen sie wirkten, vom Lübecker Franziskanerlektor Detmar bis zum Ulmer Dominikaner Felix Fabri. Die bürgerliche Historiographie des ausgehenden Mittelalters brauchte sich nicht erst neue Wege zu bahnen, da die Bettelordens-Chronisten längst auf das städtische Publikum eingestellt waren.
Sogar die frühhumanistischen Anregungen von Italien her wurden der deutschen Geschichtsschreibung nicht zum wenigsten durch die Weltchroniken des Dominikaners Antonino Pierozzi (1446/59 Erzbischof von Florenz) und des Augustiner-Eremiten Jacobus von Bergamo vermittelt. Sie wirkten auf die bürgerliche Geschichtsbildung in der gleichen Richtung wie die ältere Bettelordens-Tradition seit Vincenz von Beauvais, so daß am Ende des Mittelalters die vielfältigen Landes- und Stadtgeschichten noch einmal gleichsam überwölbt werden von umfassenden welthistorischen Kompilationen, die nun aber von humanistisch gebildeten Stadtbürgern geschrieben werden: 1493 wird lateinisch und in deutscher Übersetzung bei Koberger in Nürnberg der *Liber chronicarum* des Nürnberger Stadtarztes Hartmann Schedel gedruckt mit 2000 Holzschnitten aus der Werkstatt Michael Wohlgemuts, an denen auch der junge Dürer beteiligt ist; wenig

später entstand die Weltchronik des Tübinger Universitätskanzlers Johann Verge genannt Nauclerus († 1510). Beide erzählen, wenn auch mit neuen Stilmitteln, noch immer die Weltgeschichte als Ganzes von der Schöpfung bis zur Gegenwart, ja Schedel bis zum Endgericht (wie Otto von Freising und Vincenz von Beauvais), gegliedert nach den sechs *aetates*, sozusagen in unperspektivischem Überblick über die Zeitenordnung, wie die Tradition sie lehrte.

III. DIE EIGENART MITTELALTERLICHER GESCHICHTSANSCHAUUNG

§ 16

Es ist trotz mancher Stil- und Formwandlungen, trotz der Vielzahl wechselnder Gattungen, weithin das Gemeinsame der mittelalterlichen Historiographie, daß sie in der Geschichte die *ratio temporum* zu erfassen sucht, die von Gott gesetzte Zeitenordnung, und in ihrem Rahmen das Typische, oft mit typologischem Bezug von biblischen auf historische Gestalten und Ereignisse, und das Exemplarische, das zeitlos Gültige und Vorbildliche. In diesem Sinne ist das Mittelalter keineswegs „unhistorisch" in seiner Geisteshaltung, sondern außerordentlich reich an geschichtlicher Bildung. Als mahnende Forderung steht das vielleicht am deutlichsten in einem Einleitungsgedicht zu einem Geschichtswerk Bischof Benzos von Alba, der in den Anfängen des Investiturstreits für Heinrich IV. eintrat:

> Nam si litterae celassent res aevi praeteritas,
> quem, rogo, deberet sequi succedens posteritas?
> Caruissent ratione homines ut pecora,
> nisi eos informassent sex aetatum tempora.

(MG.SS. 5 S. 591; zu deutsch etwa:
Gäben Schriften uns nicht Kunde über die Vergangenheit,
Wonach sollte denn, ich bitt' euch, richten sich die Folgezeit?
Unverständig wären auch die Menschen wie das liebe Vieh,
Wenn nicht die sechs Weltzeitalter hätten unterrichtet sie.)

Man mag dabei an Goethes Divan-Spruch denken:

> Wer nicht von dreitausend Jahren
> sich weiß Rechenschaft zu geben,
> bleib' im Dunkeln unerfahren,
> mag von Tag zu Tage leben.

Nur sind seine „3000 Jahre" die ungefähre Reichweite des menschlichen Rückblicks, etwa bis Troja und Homer zurück; und wenn dieser Horizont sich auch nach vor- und rückwärts immer mehr weitet, so bleibt er doch stets bestimmt durch die gleitende Stellung des Menschen in der unermeßlich weitergehenden Geschichte, durch seine eigene Perspektive. Die *sex aetates* dagegen oder die vier Danielschen Weltreiche wollen das Ganze der Geschichte von Anfang bis Ende wie im Überblick erfassen, der nicht allein vom geschichtsverhafteten Menschen her zu gewinnen ist. Darin unterscheidet sich mittelalterliche Geschichtsbetrachtung vom späteren Geschichtsbewußtsein, das freilich nicht plötzlich jene Sicht abgelöst hat, die auch den Anfang und das Ende aller Geschichte, ihre Begrenztheit und Gliederung zu kennen glaubte.

Dieses Ganze des Geschichtsverlaufs erschien wenigstens im Umriß erkennbar aus der biblischen Offenbarung, aus Prophetie und Verheißung, die sich in der Heilsgeschichte erfüllen sollte. In den Schöpfungstagen der Genesis sah man die sechs Zeitalter und die künftige Sabbatruhe „präfiguriert", in den Schicksalen und Figuren des Alten Bundes, der Synagoge, die des Neuen Bundes, der Kirche. Daniel hatte von den vier Weltreichen geträumt; Paulus hatte angedeutet, daß nur das römische Reich noch den Antichrist aufhalte: also war nach dem Imperium Romanum, das unter dem ersten Kaiser Augustus zugleich mit dem Evangelium als sein Wegbereiter in die Welt trat, kein anderes irdisches Reich mehr zu erwarten, sondern das römische als letztes konnte nur „übertragen" werden auf die Byzantiner, die Franken, die Deutschen, mit seinem Zerfall aber drohte das Ende aller Geschichte. Aus den „Zeichen der Zeit" zu erkennen, was in der Bibel angekündigt war, oder es gar aus deren geheimnisvollen Zahlen im voraus zu errechnen, war da nicht nur ein müßiges Spiel ängstlicher Gemüter; auch ernste Geister haben danach während des ganzen Mittelalters immer wieder gefragt, Chronisten wie Exegeten. Als seit dem 12. Jahrhundert die Bibelerklärung sich nicht mehr mit der Wiederholung patristischer Autoritäten begnügte, erwachte neben der von Frankreich ausgehenden rationalen Dialektik, die zur Scholastik führte, insbesondere in Deutschland eine historisch-symbolische Exegese, die das „geistige Verständnis" der Schrift vornehmlich in ihrem heilsgeschichtlichen Sinn suchte. Otto von Freising gehörte als Chronist zu diesen „deutschen Symbolisten" (wie sie Alois Dempf nannte), Hildegard von Bingen als Visionärin, andere

Zeitgenossen als Theologen. Der Benediktinerabt Rupert von Deutz († 1129) grübelte unablässig darüber, wie die „Werke der Trinität" sich nacheinander in drei Stufen des Weltprozesses entfalten und wie die sieben Gaben des Heiligen Geistes in sieben Phasen der Kirchengeschichte wirken. Noch konkreter setzte der Prämonstratenser-Bischof Anselm von Havelberg († 1155) die geschichtlichen Wandlungen und Neuerungen in Kirche und Mönchtum samt ihren jeweiligen Widersachern in Beziehung zu den sieben Siegeln der Apokalypse und ihrer Öffnung als einer stufenweise fortschreitenden Offenbarung zur heilsamen Erziehung des Menschengeschlechts. Ähnlich deutet der bayerische Augustiner-Propst Gerhoch von Reichersberg († 1169) die Apokalypse und den ganzen Psalter auf den Sinn und Gang der Geschichte und auf seine eigene Zeit. Am kühnsten wagte der kalabrische Zisterzienserabt und Ordensgründer Joachim von Fiore († 1202) aus der genauen Parallelität zwischen der zu Gott Vater und Sohn gehörigen alt- und neutestamentlichen Geschichte durch je 42 Generationen bis in seine Gegenwart den baldigen Anbruch des dritten Zeitalters des Heiligen Geistes, einer mönchischen Geist-Kirche zu erschließen. Viele Franziskaner des 13. Jahrhunderts hielten ihn für den Propheten ihres Ordens, ja für den Verkünder eines neuen „ewigen Evangeliums". Kamen sie dadurch in Konflikt mit der Kirchenlehre, so nahm doch auch ihr tiefsinnigster Theologe, der Ordensgeneral Bonaventura († 1274), Joachims Geschichtslehre auf, soweit sie rechtgläubig zu verstehen war, während Thomas von Aquino darin nur „menschliche Konjekturen" sah. Ein norddeutscher Minorit Alexander bezog geschichtskundig die Apokalypse Vers für Vers auf Ereignisse und Gestalten seit Christus bis in seine Zeit, in denen sich die apokalyptische Weissagung zu erfüllen und zu enträtseln schien. Sogar die Buchstaben des Alphabets, „Samen aller Schrift", wurden in Bamberg 1204/5 als prophetische Zeichen auf die Abfolge und Eigenart der 25 Jahrhunderte von der Gründung Roms bis zum Weltende bezogen, und diese seltsame Schrift *De semine scripturarum* fand noch lange erstaunlich viel Beachtung; auch Alexander von Roes machte in seiner ‚Weltkunde' davon Gebrauch.

Das alles ist keine Geschichtsschreibung im üblichen Sinn, bemüht sich aber mit deren Hilfe um Geschichtsverständnis im

Einklang mit „geistig"-symbolischem Schriftverständnis, um den von Gott gemeinten Sinn alles menschlichen Daseins und Geschehens zwischen Weltschöpfung und Weltende zu ergründen. Im Rahmen solcher Überschau konnten gewiß auch vielerlei andere Impulse zu historischer Darstellung wirksam werden. Wipo sagt im Vorwort zu den Gesta Konrads II., er schreibe Geschichte, weil es *nulla vetat religio, et commendat intentio, et proderit patriae, et bene dictio conducit posteritati,* schließlich *ad communem utilitatem legentium, quod audientibus esset iucundum* (d.h.: kein Glaube verbietet es, das Interesse empfiehlt es, dem Vaterland nützt es, und das gut Erzählte ist der Nachwelt ersprießlich . . . zu gemeinem Nutz und Frommen der Leser, zur Freude der Hörer). Das sind lauter Motive, aus denen auch zu anderen Zeiten Geschichte geschrieben wurde. Um die Mitte des 12. Jahrhunderts klagt ein Chronist in Ebersheimmünster bei Schlettstadt, daß das hinfällige Menschengeschlecht *curiositate quadam naturali semper transacta postponens futuris inhiat ac novis delectatur* (aus einer natürlichen Neugier das Vergangene immer hintansetzt und auf Künftiges bedacht sich am Neuen ergötzt): dem will er begegnen durch eine Klostergeschichte. Gottfried von Viterbo erwartet sogar schon fast mit Jacob Burckhardts Worten, daß man durch Geschichtskenntnis „weiser für immer" werde: *ad futura omnia sapientior inveniri* (MG. SS. 22 S. 106). Und wenn schon bei Gregor von Tours und wieder in der Karolingerzeit oft die Freude an der Darstellung von Menschen und Ereignissen der eigenen Zeit spürbar ist, aber auch der Drang, die Dinge darzustellen, wie man sie gesehen haben will, so wächst im späteren Mittelalter sowohl die Erzähllust wie auch die Wirkabsicht in der Geschichtsschreibung. Immer aber bleibt sie umfangen von der Überzeugung, daß alles Irdische sich einordnet in ein von Anfang bis Ende überschaubares Ganze. Erst wo das Weltbild in Zeit und Raum sich entgrenzt und der Blick nach vor- und rückwärts wie nach außen ins Grenzenlose und Ungewisse geht, hört das Mittelalter auf, das sich als Endzeit begriff, und der Mensch muß sich anders auf seine Stellung in der weitergehenden Geschichte besinnen, anders auch seine eigene Geschichte erforschen und darstellen, soweit ihm ihre Zeugnisse und Erfahrungen nach menschlichem Ermessen Gewißheit und Einsicht geben können.

Hinweise auf die brauchbarsten Ausgaben wichtiger Quellen und auf Literatur darüber.

Abkürzungen:

MA = Mittelalter, moyen âge, middle ages.
MG. = Monumenta Germaniae Historica. (SS. = Scriptores, SrG. = Scriptores rerum Germanicarum in usum scholarum; N. s. = Nova series.)
DA. = Deutsches Archiv für Erforschung des MA (Zeitschrift der MG.).
HZ. = Historische Zeitschrift.
MIÖG. = Mitteilungen des Instituts für österreichische Geschichtsforschung.

Zu § 1: Einleitung (Allgemeine Literatur)

G. Waitz. Über die Entwicklung der deutschen Historiographie im MA, Zs. f. Geschichtswissenschaft 2 (1844) S. 39–58, 97–144 u. 4 (1845) 97–112. – M. Ritter, Die Entwicklung der Geschichtswissenschaft an den führenden Werken betrachtet (1919). – B. Croce, Theorie und Geschichte der Historiographie (deutsch in: Gesammelte philosophische Schriften I/4, 1930). – J. W. Thompson, A history of historical writing 1 (1942). – Fr. Cognasso, Storiografia medioevale, in: Questioni di storia medioevale ed. E. Rota (1946).

W. Wattenbach, Deutschlands Geschichtsquellen im MA bis zur Mitte des 13. Jh. (zuerst 1858, [7]I 1904, [6]II 1894); Neubearbeitung: Vorzeit und Karolinger, hrsg. v. W. Levison und H. Löwe (4 Hefte 1952/63, Heft 5 in Vorbereitung); Beiheft: Die Rechtsquellen, bearb. von R. Buchner (1953). Deutsche Kaiserzeit, hrsg. von R. u. W. Holtzmann (4 Hefte 1938/43 für 900–1125, Neuausgabe v. F.-J. Schmale 1967). – O. Lorenz, Deutschlands Geschichtsquellen im MA seit der Mitte des 13. Jh. ([3]I/II 1886/87). – M. Jansen und L. Schmitz-Kallenberg, Historiographie und Quellen der deutschen Geschichte bis 1500 (Grundriß der Geschichtswissenschaft hrsg. von A. Meister I, 7, [2]1914). – H. Vildhaut, Handbuch der Quellenkunde zur deutschen Geschichte ([2]I 1906 bis zum Ausgang der Staufer, [2]II 1908 bis zum Auftreten des Humanismus). – K. Jacob, Quellenkunde der deutschen Geschichte im MA. [6]I (Karolinger) und [5]II (Kaiserzeit) neubearb. von H. Hohenleutner (Sammlung Göschen 279 u. 280, 1959/61), III (Spätmittelalter) von F. Weden (ebd. 284, 1952).

A. Lhotsky, Quellenkunde zur mittelalterlichen Geschichte Österreichs (1963); ders., Österreichische Historiographie (1962). – R. C. van Caenegem unter Mitarbeit von F. L. Ganshof, Kurze Quellenkunde des Westeuropäischen MA, eine typologische, historische und bibliographische Einführung (1964, niederländ. 1962) – G. v.

Wyß, Geschichte der Historiographie in der Schweiz (1895). – R. Feller u. E. Bonjour, Geschichtsschreibung der Schweiz vom Spätmittelalter zur Neuzeit 1 (1962). – A. Molinier, Les sources de l'histoire de France (6 Bde. bis 1494, 1902/06). – V. H. Galbraith, Historical research in medieval England (1951). – U. Balzani, Le cronache italiane nel medio evo ([3]1909). – C. M. Dubler, Geschichtsschreibung im spanischen MA (1943). – B. Sánchez Alonso, Historia de la historiografía española[1] ([2]1947) bis 1543.

M. Manitius, Geschichte der lateinischen Literatur des MA (Handbuch der Altertumswissenschaft IX, 2, 3 Bde. 1911/31, Neudruck 1964/65). – J. de Ghellinck, Littérature latine au MA (2 Bde. 1939); ders., L'essor de la littérature latine du XIIe siècle (2 Bde. 1946). – K. Hampe, Geschichtsschreibung (bis 1024), dazu einzelne Artikel in: Reallexikon der german. Altertumskunde, hrsg. von J. Hoops 2 (1913/15) S. 205–224 und Stichworte zu einzelnen Autoren. B. Schmeidler, Geschichtsschreibung und Kultur im MA, Archiv f. Kulturgesch. 13 (1917). – B. Lasch, Das Erwachen und die Entwicklung der histor. Kritik im MA (1887). – M. Schulz, Die Lehre von der histor. Methode bei den Geschichtsschreibern des MA (Abhandl. zur mittleren u. neueren Gesch. 13, 1909). – L. Storbeck, Die Nennung des eigenen Namens bei den deutschen Geschichtsschreibern des MA (Diss. Halle 1910). – E. v. Ottenthal, Das Memoirenhafte in Geschichtsquellen des früheren MA, Almanach der ksl. Akad. d. Wissenschaften Wien 55 (1905). – W. Erben, Die Erwähnung eigener Erlebnisse bei den Geschichtsschreibern des MA, MIÖG 41 (1926). – R. Bossard, Über die Entwicklung der Personendarstellung in der mittelalterl. Geschichtsschreibung (Diss. Zürich 1944). – A. Grau, Der Gedanke der Herkunft in der deutschen Geschichtsschreibung des MA: Trojasage und Verwandtes (Diss. Leipzig 1938). – C. Hainer, Das epische Element bei den Geschichtsschreibern des frühen MA (Diss. Gießen 1914). – L. Arbusow, Liturgie und Geschichtsschreibung im MA (1951). – J. Spörl, Grundformen hochmittelalterlicher Geschichtsanschauung (1936; auch über die historiographischen Gattungen). – W. Kaegi, Chronica Mundi, Grundformen der Geschichtsschreibung seit dem MA (1954). – P. Kirn, Das Bild des Menschen in der Geschichtsschreibung von Polybios bis Ranke (1955). – H. Wolter, Geschichtliche Bildung im Rahmen der Artes liberales, in: Studien u. Texte zur Geistesgesch. des MA 5 (1959) S. 50–83.

Maßgebende kritische Textausgaben zumeist in den Monumenta Germaniae Historica, Scriptores (MG.SS. und deren N.s.) oder deren Schulausgaben (SrG), Verdeutschungen zumeist in den „Geschichtschreibern der deutschen Vorzeit", neben den lat. Texten in: Ausgewählte Quellen zur deutschen Geschichte des MA (Freiherr vom Stein-Gedächtnisausgabe) hrsg. von R. Buchner (seit 1955). – Verzeichnis aller historiographischen Quellen des MA bei A. Potthast, Bibliotheca historica medii aevi (Wegweiser durch die Geschichtswerke des europäischen MA, 2 Bde. [2]1896); eine internationale Neubearbeitung als Repertorium fontium historiae medii aevi hat begonnen (Bd. I/II 1962/68).

Zu § 2: Volkssprachliche Geschichtsdichtung

Für die Frühzeit: A. Heusler, Die altgermanische Dichtung (Handbuch der Literaturwissenschaft, [2]1941), bes. S. 123 ff. – G. Baesecke, Vor- und Frühgeschichte des deutschen Schrifttums 1 (1940). – W. Stammler, Die Anfänge weltlicher Dichtung in deutscher Sprache, Zs. f. deutsche Philologie 70 (1940/49) S. 10–32. – K. Hauck, Heldendichtung und Heldensage als Geschichtsbewußtsein, in: Alteuropa und die moderne Gesellschaft, Festschrift für O. Brunner (1963) S. 118–169; ders., Mittellateinische Literatur (in: Deutsche Philologie im Aufriß, hrsg. von W. Stammler, Bd. 2, [2]1960, Sp. 2555 ff.), hebt die Einwirkung der adligen Laienüberlieferung auf die lat. Literatur und Dichtung hervor; vgl. ebenda die Beiträge von K. H. Halbach, Epik des MA (Sp. 397 ff.), G. Cordes, Alt- und mittelniederdeutsche Literatur (Sp. 2473 ff.), R. Newald, Klassisches Altertum und deutsche Literatur (Sp. 2531 ff.).

[1] F. v. d. Leyen, Das Heldenliederbuch Karls d. Gr. (1954). [2] Zum Heliand s. K. H. Halbach Sp. 433 ff. mit Lit., dazu J. Rathofer, Der Heliand (Niederdeutsche Studien 9, 1962). [3] Zum Waltharius (ed. K. Strecker, MG. Poetae lat. 6,1, 1951) s. Halbach Sp. 453 ff.; N. Fickermann in: Beiträge zur Gesch. d. deutschen Sprache u. Lit. 81 (1959) S. 267–273; H. Walther, Zs. f. deutsches Altertum 90 (1961) S. 269–273; W. Berschin, DA. 24 (1968). [4] Zur Kaiserchronik (ed. E. Schröder, MG. Deutsche Chroniken 1, 1895, Neudruck 1964) s. Halbach Sp. 512 ff.; E. F. Ohly, Sage und Legende in der Kaiserchronik (1940); F. Urbanek, Zur Datierung der Kaiserchronik, Euphorion 53 (1959); Fr. Neumann, Wann entstanden Kaiserchronik und Rolandslied? Zs. f. deutsches Altertum 91 (1962) S. 263–329. [5] H. Menhardt, Zur Weltchronik-Literatur, Beiträge zur Gesch. d. deutschen Sprache u. Lit. 61 (1937) S. 402–461; P. Gichtel, Die Weltchronik Heinrichs von München (Schriftenreihe zur bayer. Landesgesch. 28, 1937). [6] Ausgaben der nachgenannten Werke in MG. Deutsche Chroniken 2–6 (1877–1909); über den Steirischen Reimchronisten: her Otacher oûz der Geul, s. M. Loehr, MIÖG 51 (1937) S. 89–130; dazu A. Lhotsky, Quellenkunde Österreichs (s. o. zu § 1) S. 288 ff. [7] Vgl. H. Grundmann, Deutsches Schrifttum im Deutschen Orden, Altpreußische Forschungen 18 (1941) S. 21–49.

Zu § 3: Volksgeschichte (Origo gentis)

Eine zusammenfassend-vergleichende Behandlung dieser Geschichtswerke fehlt bisher. Ausgaben der ältesten in MG. Auctores Antiquissimi, Script. rer. Merovingicarum, Script. rer. Langobardicarum.

[1] Nach MG. Scr. rer. Merov. 1 ([2]1937/53) hrsg. mit Verdeutschung von R. Buchner, Ausgew. Quellen 2/3 (s. o. zu § 1); dazu S. Hellmann, Studien zur mittelalterl. Geschichtsschreibung 1: Gregor von Tours,

Histor. Zs. 107 (1911) S. 1–43, auch in dessen Ausgewählten Abhandlungen zur Historiographie und Geistesgesch. des MA, hrsg. von H. Beumann (1961). [2] Venerabilis Baedae Opera historica ed. C. Plummer (Oxford 1896 u. ö.); dazu W. Levison, Bede as historian (1935) in dessen Aufsätzen: Aus rheinischer und fränkischer Frühzeit (1948) S. 347–382; Ch. W. Jones, Bede as early medieval historian, in: Medievalia et Humanistica 4 (1946) S. 26–36. [3] Die Sachsengeschichte des Widukind von Korvei, ed. P. Hirsch (SrG. [5]1935); im Anhang S. 155–161: De origine gentis Swevorum; s. H. Beumann, Widukind von Korvei, Untersuchungen zur Geschichtsschreibung und Ideengeschichte des 10. Jh. (1950). [4] P. Herrmann, Die Heldensagen des Saxo Grammaticus (1922); Ausgabe von J. Olrik und H. Raeder (1931 ff.), Verdeutschung der ersten neun Bücher von H. Jantzen (1900) und P. Herrmann (1901). [5] S. u. zu § 14 Anm. 5. [6] Les grandes chroniques de France, ed. J. Viard (10 Bde. 1920– 53); vgl. J.-P. Bodmer, Die französische Historiographie des Spätmittelalters und die Franken, Archiv f. Kulturgesch. 45 (1963) S. 91–118, auch über R. Gaguin (s. u.). [7] MG. Staatsschriften des späteren MA 1 (1958); dazu H. Grundmann, Über die Schriften des Alexander von Roes, DA. 8 (1950) S. 154–237; H. Heimpel, A. v. R. und das deutsche Selbstbewußtsein des 13. Jh., Archiv f. Kulturgesch. 26 (1935) S. 5–21, auch in dessen: Deutsches MA (1941).

Zu § 4: Weltchroniken

M. Büdinger, Die Universalhistorie im MA (Denkschr. der ksl. Akad. Wien, 1900). – A. Bauer, Ursprung und Fortwirken der christl. Weltchronik (1910). – F. Landsberg, Das Bild der alten Geschichte in mittelalterl. Weltchroniken (Diss. Basel 1934). – K. Löwith, Weltgeschichte als Heilsgeschehen (1953). – W. Kaegi, Chronica mundi (1954). – A.-D. v. den Brincken, Studien zur lateinischen Weltchronistik bis in das Zeitalter Ottos von Freising (1957).

[1] A. Oepke, Das neue Gottesvolk in Schrifttum, Schauspiel, bildender Kunst und Weltgestaltung (1950). [2] H. Gelzer, Sextus Julius Afrikanus und die byzantinische Chronographie (2 Bde. 1880/98). [3] Zur älteren Augustin-Literatur kommt A. Wachtel, Beiträge zur Geschichtstheologie des Aurelius Augustinus (Bonner histor. Forschungen 17, 1960); F. G. Maier, Augustin und das antike Rom (Tübinger Beiträge zur Altertumswiss. 39, 1955); Th. E. Mommsen, Orosius and Augustine, in: Medieval and Renaissance Studies 14 (1954) S. 325 bis 348. [4] Bedae Opera de temporibus ed. Ch. W. Jones (1943); Lit. s. o. Anm. 2 zu § 3. [5] W. Goez, Zur Weltchronik des Bischofs Frechulf von Lisieux, in: Festgabe für P. Kirn (1961) S. 93–110. [6] H. Löwe, Regino von Prüm und das historische Weltbild der Karolingerzeit, Rheinische Vierteljahrblätter 17 (1952) S. 151–179, auch in: Geschichtsdenken und Geschichtsbild im MA (1961) S. 91–134. [7] R. Buchner, Der Verfasser der Schwäbischen Weltchronik, DA. 16 (1960) S. 389–396; ders., Geschichtsbild und Reichsbegriff Hermanns von

Reichenau, Arch. f. Kulturgesch. 42 (1960) S. 37–60; A. Duch, Das Geschichtswerk Hermanns von Reichenau und seine Überlieferung, in: H. Oesch, Berno und Hermann von Reichenau als Musiktheoretiker (1961) S. 184–203. [8] I. Schmale-Ott, Die Rezension C der Weltchronik Ekkehards, DA. 12 (1956) S. 263–387; bereitet neue Ausgabe vor; bisher MG.SS. 6, ebenso Sigeberts Chronik. [9] Ebd. 5; A.-D. v. den Brincken, Marianus Scottus, DA. 17 (1961) S. 191 bis 238. [10] Ed. A. Hofmeister (SrG. 1912), danach mit Verdeutschung von W. Lammers u. A. Schmidt in: Ausgewählte Quellen 16 (1960). P. Brezzi, Ottone di Frisinga, Bullettino dell'Istituto storico Italiano 54 (1939) S. 129–328; O. v. Fr., Gedenkgabe zu s. 800. Todesjahr, hrsg. v. J. A. Fischer (1958); H. M. Klinkenberg, Der Sinn der Chronik Ottos v. Fr., in: Festschrift G. Kallen (1957) S. 63–76; W. Mohr, Zum Geschichtsbild Ottos v. Fr., in: Perennitas, Festschr. Th. Michels (1963) S. 274–293. [11] „Martins-Chroniken" in MG.SS. 24, die drei anschließend genannten Chronisten in MG.SS. N. s. 1, 3 u. 4 (1922–40), Heinrich v. Herford ed. Potthast (1859), Eikes Sächs. Weltchronik in MG. Deutsche Chron. 2, Klosener und Twinger in Chroniken der deutschen Städte 8/9, Herm. Korner ed. J. Schwalm (1895), Andreas von Regensburg, Werke (auch deutsche) ed. G. Leidinger (1903).

Zu § 5: Annalen

R. L. Poole, Chronicles and Annals (Oxford 1926); vgl. Ch. W. Jones, Saints Lives and Chronicles in early England (New York 1947).

[1] Die frühen fränkischen Annalen in MG.SS. 1; dazu H. Hoffmann, Untersuchungen zur karoling. Annalistik (Bonner histor. Forschungen 10, 1958). [2] Beide Fassungen nebeneinander ed. F. Kurze (MG. SrG. 1895); danach mit Verdeutschung von R. Rau in: Ausgew. Quellen 6 (1955): Quellen zur karoling. Reichsgesch.; in deren 2. Band (1958) die Annalen von St. Bertin, St. Vaast und Xanten; dazu H. Löwe, Studien zu den Annales Xantenses, DA. 8 (1950) S. 59–99. [3] Lamperti Opera ed. O. Holder-Egger (MG.SrG. 1894); dazu mit Lit. E. E. Stengel, Lampert von Hersfeld der erste Abt von Hasungen, in: Aus Verfassungs- u. Landesgesch., Festschr. für Th. Mayer (1955) 2 S. 245–258. [4] O. Redlich, Die österreichische Annalistik bis zum Ende des 13. Jh., MIÖG. 3 (1882) S. 497–538; im einzelnen jetzt A. Lhotsky, Quellenkunde ... Österreichs (1963) S. 173–203, auch 116 ff. [5] J. Haller, Die Marbacher Annalen (1912); H. Bloch, Die elsässischen Annalen der Stauferzeit (1908). [6] K. Köster, Die Geschichtsschreibung der Kolmarer Dominikaner des 13. Jh. (1952).

Zu § 6 Vitae (Biographie und Legende)

H. Vogt, Die literarische Personenschilderung des frühen MA (Beiträge zur Kulturgesch. des MA und der Renaissance 53, 1934); R. Bossard, Über die Entwicklung der Personendarstellung in der mittelalterl. Geschichtsschreibung (Diss. Zürich 1944); beide behandeln nicht nur Biographien, deren Geschichte im MA noch nicht zusammenhängend dargestellt wurde.

[1] F. Leo, Die griechisch-römische Biographie nach ihrer literarischen Form (1901); W. Steidle, Sueton und die antike Biographie (Zetemata 1, 1959); G. Luck, Die Form der suetonischen Biographie und die frühen Heiligenviten, in: Mullus, Festschrift Th. Klauser (1964) S. 230–241. [2] Delehaye, Les Légendes hagiographiques ([3]1927, deutsch von E. A. Stückelberg 1907); H. Günter, Legenden-Studien (1906); ders., Die christliche Legende des Abendlandes (1910); ders., Psychologie der Legende (1949); ders., Hagiographie und Wissenschaft, Histor. Jahrbuch 62/69 (1949) S. 43–88; W. v. d. Steinen, Heilige als Hagiographen, HZ. 143 (1931) S. 229–256; W. Lampen, Mittelalterl. Heiligenleben und die lateinische Philologie des MA, in: Liber floridus, Festschrift f. P. Lehmann (1950) S. 121–129. [3] C. A. Bernoulli, Die Heiligen der Merowinger (1900); Kath. Weber, Kulturgeschichtl. Probleme der Merowingerzeit im Spiegel frühmittelalterl. Heiligenleben, Studien u. Mitteil. zur Gesch. des Benediktinerordens 48 (1930) S. 347–403. Kritische Ausgaben der merowingischen Heiligen-Vitae von B. Krusch in MG. Scr. rer. Merov. 2–7 (1888 bis 1920). [4] H. Helbling, Der hl. Gallus in der Geschichte, Schweizer. Zeitschr. f. Gesch. 12 (1962) 1–62. [5] H. Löwe, Arbeo von Freising, Rheinische Vierteljahrblätter 15/16 (1950/51) S. 89–120. [6] Alle Bonifaz-Viten, ed. W. Levison, Vitae s. Bonifatii (MG. SrG. 1905). [6a] A. Bauch, Quellen zur Geschichte der Diözese Eichstätt 1: Biographien der Gründungszeit. Texte, Übersetzungen und Erläuterungen (Eichstätter Studien 8, 1962). [7] Die Liudger-Vita mit drei späteren Bearbeitungen, ed. W. Diekamp in Geschichtsquellen des Bistums Münster 4 (1881). Die älteste Lebuin-Vita in MG.SS. 30. [8] H. Beumann, Eigils Vita Sturmi und die Anfänge der Klöster Hersfeld und Fulda, Hessisches Jahrbuch für Landesgesch. 2 (1952) S. 1–15. Text der Vita in MG. SS. 2, der Vitae Eigils und Liobas MG. SS. 15, 1. [9] O. Menzel, Das Leben der Liutbirg, in: Sachsen und Anhalt 13 (1937) S. 78–89; dessen Ausgabe in MG. Deutsches MA 3 (1937). [10] G. Niemeyer, Die Herkunft der Vita Willehadi, DA. 12 (1956) S. 17–35; Text in MG. SS. 2, Agius ebd. 4, Vitae Ansgars und Rimberts ed. G. Waitz MG. SrG. (1884). [11] Beste Ausgabe von G. Waitz und O. Holder-Egger MG. SrG. [6]1911 u. ö.; dazu S. Hellmann, Einhards literarische Stellung, Histor. Vierteljahrschrift 27 (1932) S. 40–110, auch in dessen Ausgew. Abhandl. (1961) S. 159–229; H. Pyritz, Das Karlsbild Einhards, Deutsche Vjs. f. Literaturwiss. und Geistesgesch. 15 (1937) S. 167–188; H. Beumann, Topos und Gedankengefüge bei Einhard, Archiv f. Kulturgesch. 33 (1951) S. 337–350; ders., Einhard und die karoling. Tradition im ottonischen Corvey, in: Westfalen 30 (1952) S. 150–174. [12] F. Lotter, Die Vita Brunonis des Ruotger, ihre historiographische und ideengeschichtliche Stellung, Bonner histor.

Forsch. 9, 1958; Text ed. I. Ott, MG. SS. N. s. 10 (1951). [13] M. Lintzel, Die Mathildenviten und das Wahrheitsproblem in der Überlieferung der Ottonenzeit, Archiv f. Kulturgesch. 38 (1956) S. 152 bis 166, auch in dessen Ausgew. Schriften 2 (1961) S. 407–418; Texte in MG. SS. 4 und 10. [14] L. Zoepf, Das Heiligen-Leben im 10. Jh. (1908). [15] S. Hellmann, Die Vita Heinrici IV. und die kaiserliche Kanzlei, Histor. Vjs. 28 (1933) S. 273–334, auch in dessen Ausgew. Abhandl. (1961) S. 231–292; H. F. Haefele, Fortuna Heinrici IV. imperatoris, Untersuchungen zur Lebensbeschreibung des 3. Saliers (1954). [16] O. Köhler, Das Bild des geistlichen Fürsten in den Viten des 10., 11. und 12. Jh. (1935). [17] Karoli IV. Imp. Rom. vita ab eo ipso conscripta, ed. W. Bulst (Editiones Heidelbergenses 16, 1950). [18] F. v. Bezold, Über die Anfänge der Selbstbiographie und ihre Entwicklung im MA (1893), auch in dessen Aufsatzsammlung: Aus MA und Renaissance (1918) S. 196–219; P. Lehmann, Autobiographies of the middle ages, Transactions of the R. Hist. Soc. V, 3 (1953) S. 41–52; G. Misch, Geschichte der Autobiographie 2–4: Mittelalter (6 Teilbände 1955–67). [19] Hermannus quondam Judaeus, Opusculum de conversione sua, ed. G. Niemeyer (MG. Quellen zur Geistesgesch. des MA 4, 1963).

Zu § 7: Gesta

Zum Wort und Begriff Gesta s. K. Keuck, Historia, Geschichte des Wortes und seiner Bedeutungen in der Antike und in den romanischen Sprachen (Diss. Münster 1934). – Über die mit den Gesta verwandte Gattung De viris illustribus, für die Hieronymus in der Nachfolge Suetons das Vorbild gab, s. P. Lehmann, Literaturgeschichte im MA, Germanisch-Romanische Monatsschrift 4 (1921), auch in dessen Aufsatz-Sammlung: Erforschung des MA 1 (1941, Neudruck 1959) S. 82 bis 113.

[1] A. Brackmann, Der Liber pontificalis, Realencyklopädie für protestant. Theologie u. Kirche [3] 11 (1902) S. 439–446, auch in dessen Gesamm. Aufsätzen (1941) S. 383–396; W. Berschin, Der Liber pontificalis, in: Liber ad Magistrum, Festgabe für J. Spörl (1964) S. 33–39. Text ed. Th. Mommsen, MG. Gesta pontificum Romanor. 1 (1898), vollständiger von L. Duchesne (2 Bde. 1886 bis 92, ergänzt von C. Vogel 3 Bde. 1955–57). Spätere Papst-Vitae des 9.–13. Jh. bei J. B. M. Watterich, Vitae pontif. Rom. (2 Bde. 1862), des 14. Jh. bei St. Baluzius, Vitae paparum Avenionensium, ed. G. Mollat (4 Bde. 1914–22). [2] W. Levison, Zu den Gesta abbatum Fontanellensium, Revue Bénédictine 46 (1934) S. 241–264, auch in dessen ausgew. Aufsätzen: Aus rheinischer und fränkischer Frühzeit (1948) S. 530–550. Text ed. F. Lohier-J. Laporte (1936). [3] H. F. Haefele, Untersuchungen zu Ekkehards IV. Casus s. Galli, DA. 18 (1962) S. 120–170, der eine neue Ausgabe auch Ratperts vorbereitet; vgl. die Einleitung und Erläuterungen von H. Helbling zur Verdeutschung: Ekkehard IV., Die Geschichten des

Klosters St. Gallen (1958). [4] R. Teuffel, Individuelle Persönlichkeitsschilderung in den deutschen Geschichtswerken des 10. und 11. Jh. (Beiträge zur Kulturgesch. des MA u. der Renaissance 12, 1914), bes. S. 32 ff.; Zitat S. 33. [4a] H. Thomas, Studien zur Trierer Geschichtsschreibung des 11. Jh. (1968). [5] A. Schneider, Thietmar von Merseburg über kirchl., pol. und ständ. Fragen seiner Zeit, Arch. f. Kulturgesch. 44 (1962) S. 34–71; Text ed. R. Holtzmann, MG. SS. N. s. 9 (1935, Neudruck 1953), mit Verdeutschung von W. Trillmich in Ausgew. Quellen 9 (1958). [6] R. Buchner, Die politische Vorstellungswelt Adams von Bremen, Arch. f. Kulturgesch. 45 (1963) S. 15–59; Text ed. B. Schmeidler, MG. SrG. [3]1917, mit Verdeutschung von W. Trillmich in Ausgew. Quellen 11 (1961). [7] F.-J. Schmale, Die Gesta Friderici I. imperatoris Ottos von Freising und Rahewins, DA. 19 (1963) S. 168–214, seine Ausgabe mit Verdeutschung in Ausgew. Quellen 17 (1965). [8] H. Wolter, Ordericus Vitalis (1955). Zu englischen Gesta-Werken des 12. Jh. s. u. zu § 14 Anm. 5. [9] H. Zimmermann, Ecclesia als Objekt der Historiographie. Studien zur Kirchengeschichtsschreibung im MA und in der frühen Neuzeit, Sitz.-Ber. der Österreich. Akad. d. Wiss., phil.-hist. Klasse Bd. 235, 4 (1960).

§ 8: Landes- und Stadtchroniken

[1] Helmolds Slavenchronik ed. B. Schmeidler MG. SrG. [3](1937); mit Verdeutschung von H. Stoob in Ausgew. Quellen zur deutschen Geschichte des MA 19 (1963). [2] Heinrichs Livländische Chronik ed. L. Arbusow und A. Bauer, MG. SrG. [2](1955), mit Verdeutschung von A. Bauer a.a.O. 24 (1959). Chroniken des Ordenslandes Preußen-Livland in Scriptores rerum Prussicarum (5 Bde. 1861–74). [3] A. Hönger, Die Entwicklung der literarischen Darstellungsform der Genealogie, Mitteilungen der Zentralstelle für deutsche Personen- und Familiengeschichte 11–14 (1912–14); H. Patze, Adel und Stifterchronik, Frühformen territorialer Geschichtsschreibung im hochmittelalterl. Reich, Blätter für deutsche Landesgesch. 100 (1964) S. 8–81. [4] Historia Welforum ed. E. König, Schwäbische Chroniken der Stauferzeit 1 (1938) mit Verdeutschung. Auch die weiterhin genannten Landes-Chroniken sind zumeist in landesgeschichtlichen Quellensammlungen, wenn nicht in den MG. zu finden. [5] Ausgaben: Die Chroniken der deutschen Städte vom 14.–16. Jh., hrsg. von der Histor. Kommission bei der Bayer. Akad. der Wissensch. (seit 1862 35 Bände, Neudrucke seit 1961). Dazu E. Schwab, Einiges über das Wesen der Städte-Chronistik, Arch. f. Kulturgesch. 18 (1928) S. 258–286; H. Schmidt, Die deutschen Städtechroniken als Spiegel des bürgerlichen Selbstverständnisses im Spät-MA (1958); J. B. Menke, Geschichtsschreibung und Politik in deutschen Städten des Spätmittelalters (Die Entstehung deutscher Geschichtsprosa in Köln, Braunschweig, Lübeck, Mainz und Magdeburg) aus: Jahrbuch des Kölnischen Geschichtsvereins 33 und 34/35 (1958–1960).

Zu § 9: Lateinische Geschichtsdichtung

E. R. Curtius, Europäische Literatur und lateinisches Mittelalter (1948, [3]1961); K. Hauck, Mittellateinische Literatur, in: Deutsche Philologie im Aufriß [2]2 (1960) Sp. 2555–2624 mit Lit.; W. Gundlach, Heldenlieder der deutschen Kaiserzeit aus dem Lateinischen übersetzt (3 Bde. 1894–99). Texte in MG. Poetae latini medii aevi (noch unvollständig, bisher 6 Bde. für Karolinger- und Ottonenzeit).

[1] Hrotsvithae opera ed. P. v. Winterfeld (MG. SrG. 1902), ed. K. Strecker ([2]1930). [2] Donizonis Vita Mathildis ed. F. Davoli. Scr. rer. Ital. V, 2 (1931–40). [3] K. Langosch, Politische Dichtung um Kaiser Friedrich Barbarossa (1943); W. Stach, Politische Dichtung im Zeitalter Friedrichs I. (s. u. zu § 14 Anm. 3). [4] H. Heimpel, Über den ‚Pavo' des Alexander von Roes, DA. 13 (1957) S. 171–227, auch in: Geschichtsdenken und Geschichtsbild im MA (1961) S. 350 bis 417.

Zu § 10: Auftakt in germanisch-fränkischer Zeit

Wattenbach-Levison, Deutschlands Geschichtsquellen im MA 1: Die Vorzeit von den Anfängen bis zur Herrschaft der Karolinger (1952) und Lit. zu §§ 2 und 3.

Zu § 11: Karolingerzeit

Wattenbach-Levison-Löwe, Deutschlands Geschichtsquellen im MA 2–4: Die Karolinger (1953 ff.), dazu die oben angeführte Lit. über karolingische Annalen (§ 5), Vitae (§ 6), Weltchroniken (§ 4, bes. Anm. 6) und Gesta (§ 7).

Zu § 12: Ottonen- und frühe Salierzeit

Wattenbach-Holtzmann, Geschichtsquellen, Deutsche Kaiserzeit 1/2 (1938/39). – H. Beumann, Widukind (s. o. § 3 Anm. 3); M. Lintzel, Studien über Liudprand von Cremona (1933) auch über andere gleichzeitige Geschichtswerke; ders., Erzbischof Adalbert von Magdeburg als Geschichtsschreiber, Festschr. f. W. Möllenberg (1939) S. 12–22; beides und Aufsätze über Widukind auch in: Ausgewählte Schriften 2 (1961) S. 302 ff. – C. Erdmann, Das ottonische Reich als Imperium Romanum, DA. 6 (1943) S. 412–441; vgl. auch dessen Forschungen zur politischen Ideenwelt des Früh-MA (1951).

Zu § 13: Die Krise des Investiturstreits

Wattenbach-Holtzmann 3/4 (1940/43). – C. Mirbt, Die Publizistik im Zeitalter Gregors VII. (1894); A. Fauser, Die Publizisten des Investiturstreites (Diss. München 1935); C. Erdmann,

Die Anfänge der staatlichen Propaganda im Investiturstreit, HZ. 154 (1936) S. 491–512; K. Pivec, Die Bedeutung des ersten Romzuges Heinrichs V., MIÖG. 52 (1938) S. 217–225 über die vom Kaiser veranlaßte Chronik des Iroschotten David. – Zur Chronik Ottos von Freising s. Anm. 10 zu § 4; über dessen Gesta s. § 7 Anm. 7.

Zu § 14: Barbarossa-Zeit

J. Spörl, Grundformen hochmittelalterlicher Geschichtsanschauung, Studien zum Weltbild der Geschichtsschreiber des 12. Jh. (1935); ders., Wandel des Welt- und Geschichtsbildes im 12. Jh.? in: Unser Geschichtsbild 2 (1955) S. 99–114; P. Lehmann, Die Vielgestalt des 12. Jh., HZ. 178 (1954) S. 225–250.

[1] E. F. Otto, Otto von Freising und Friedrich Barbarossa, Histor. Vjs. 31 (1938) S. 27–56. [2] So R. Holtzmann, Das Carmen de Frederico I. imperatore aus Bergamo und die Anfänge einer staufischen Hofhistoriographie, Neues Archiv 44 (1922) S. 252–313; doch vgl. die Einleitung von I. Schmale-Ott zur neuen Ausgabe dieses Carmen, MG. SrG. (1965). [3] W. Stach, Politische Dichtung im Zeitalter Friedrichs I.: Der Ligurinus im Widerstreit mit Otto und Rahewin, Neue Jahrbücher für deutsche Wissenschaft 13 (1937) S. 385–410; ders., Salve, mundi domine! Kommentierende Betrachtungen zum Kaiserhymnus des Archipoeta [und zu anderen Barbarossa-Dichtungen], Berichte der Sächs. Akademie zu Leipzig, phil.-hist. Kl. 91, 3 (1939); P. Klopsch, Zum Kaiserhymnus des Archipoeta, Euphorion 54 (1960) S. 312–319. [4] Das Geschichtswerk des Otto von Morena und seine Fortsetzer, hrsg. von F. Güterbock, MG. SS. N. s. 7 (1930); ebd. 8: Die Annalen des Tholomeus von Lucca hrsg. v. B. Schmeidler (1930); vgl. B. Schmeidler, Italienische Geschichtschreiber des 12. und 13. Jh. (1909). [5] H. Richter, Englische Geschichtsschreiber des 12. Jh. (1938); H. Lambrecht, Untersuchungen über einige englische Chronisten des 12. und beginnenden 13. Jh. (1937); K. Schnith, Von Symeon v. Durham zu Wilhelm v. Newburgh, Wege der engl. „Volksgesch." im 12. Jh., in: Speculum historiale, Festschr. J. Spörl (1965); R. Vaugham, Matthew Paris (1958).

Zu § 15: Das spätere Mittelalter

Eine zuverlässige Quellenkunde des Spätmittelalters fehlt seit O. Lorenz (s. o. zu § 1). Die wichtigeren Chronisten des 14. Jh. (Heinrich Taube, Johann von Winterthur, Matthias von Neuenburg, Levold von Northoff u. a.) in MG. SS. N. s.; gleichzeitige Reichstraktate sind oder werden ediert in MG. Staatsschriften des späteren MA; s. o. zu § 3 Anm. 7 und H. Heimpel, Dietrich von Niem (Westfälische Biographien 2, 1932). – Über Bettelordens-Chronistik s. F. Baethgen, Franziskanische Studien, HZ. 131 (1925) S. 421–472. – P. Joachimsen, Geschichtsauffassung und Geschichtsschreibung in Deutschland unter dem Einfluß des Humanismus (1910).

Zu § 16: Die Eigenart mittelalterlicher Geschichtsanschauung

J. Spörl, Das mittelalterliche Geschichtsdenken als Forschungsaufgabe, Histor. Jahrbuch 53 (1933) S. 281–303; ders., Das Alte und das Neue im MA, Studien zum Problem des mittelalterl. Fortschrittsbewußtseins, ebd. 50 (1930) S. 297–341 und 498–524; O. Brunner, Abendländisches Geschichtsdenken (Hamburger Universitätsreden 17, 1954); H. Grundmann, Die Grundzüge der mittelalterl. Geschichtsanschauungen, Arch. f. Kulturgesch. 24 (1934) S. 326–336; H. Herding, Geschichtsschreibung und Geschichtsdenken im MA, Tübinger theolog. Quartalschrift 130 (1950) S. 129–144; G. Schreiber, Geschichtsdenken im hohen MA: Byzantinische und westliche Motive, Soziale Strukturen, Arch. f. Kulturgesch. 32 (1944) S. 75–117; H. de Boor, Der Wandel des mittelalterl. Geschichtsdenkens im Spiegel der deutschen Dichtung, Zs. f. deutsche Philologie, Sonderheft zur Germanisten-Tagung Bonn (1963) S. 6–23.

E. Bernheim, Mittelalterliche Zeitanschauungen in ihrem Einfluß auf Politik und Geschichtsschreibung 1: Die Zeitanschauungen (1918); A. Dempf, Sacrum Imperium. Geschichts- und Staatsphilosophie des MA und der politischen Renaissance (1929); J. Adamek, Vom römischen Endreich der mittelalterl. Bibelerklärung (Diss. München 1938); W. Kamlah, Apokalypse und Geschichtstheologie, Die mittelalterl. Auslegung der Apokalypse vor Joachim von Fiore (1935); H. Grundmann, Studien über Joachim von Fiore ([2]1966); ders., Neue Forschungen über Joachim von Fiore (1950); E. Benz, Ecclesia spiritualis, Kirchenidee und Geschichtstheologie der franziskanischen Reformation (1934); A. Wachtel, Die weltgeschichtliche Apocalypse-Auslegung des Minoriten Alexander von Bremen, Franziskanische Studien 24 (1937) S. 201–259 und 305–363; Ausgabe dieses Kommentars in MG. Quellen zur Geistesgesch. des MA 1 (1955), wo weitere historisch-exegetische Quellen dieser Art erscheinen sollen, s. H. Grundmann, Geistesgeschichte in den MGH, in: Die Welt als Geschichte 10 (1950) S. 98–116.

Eine Sammlung von Aufsätzen aus den Jahren 1933–1959 (zumeist hier und vorher genannt) über „Geschichtsdenken und Geschichtsbild im MA“ veröffentlichte W. Lammers für die Wissenschaftliche Buchgesellschaft Darmstadt (Wege der Forschung 21, 1961).

AUTOREN UND WERKE

Deutsche Geschichte

Herausgegeben von Joachim Leuschner · Kleine Vandenhoeck-Reihe

Band 1* JOSEF FLECKENSTEIN
Grundlagen und Beginn der deutschen Geschichte

Band 2* HORST FUHRMANN
Deutsche Geschichte im hohen Mittelalter

Band 3* JOACHIM LEUSCHNER
Deutschland im späten Mittelalter

Band 4* BERND MOELLER
Deutschland im Zeitalter der Reformation

Band 5 MARTIN HECKEL
Deutschland im konfessionellen Zeitalter

Band 6* RUDOLF VIERHAUS
Deutschland im Zeitalter des Absolutismus

Band 7 KARL OTMAR FREIHERR VON ARETIN
Vom Deutschen Reich zum Deutschen Bund

Band 8 REINHARD RÜRUP
Deutschland im 19. Jahrhundert

Band 9* HANS-ULRICH WEHLER
Das Deutsche Kaiserreich 1871—1918

Band 10* GERHARD SCHULZ
Deutschland seit dem Ersten Weltkrieg 1918—1945

(* liegt vor)

Stand: 1. 8. 1978

VANDENHOECK & RUPRECHT IN GÖTTINGEN UND ZÜRICH